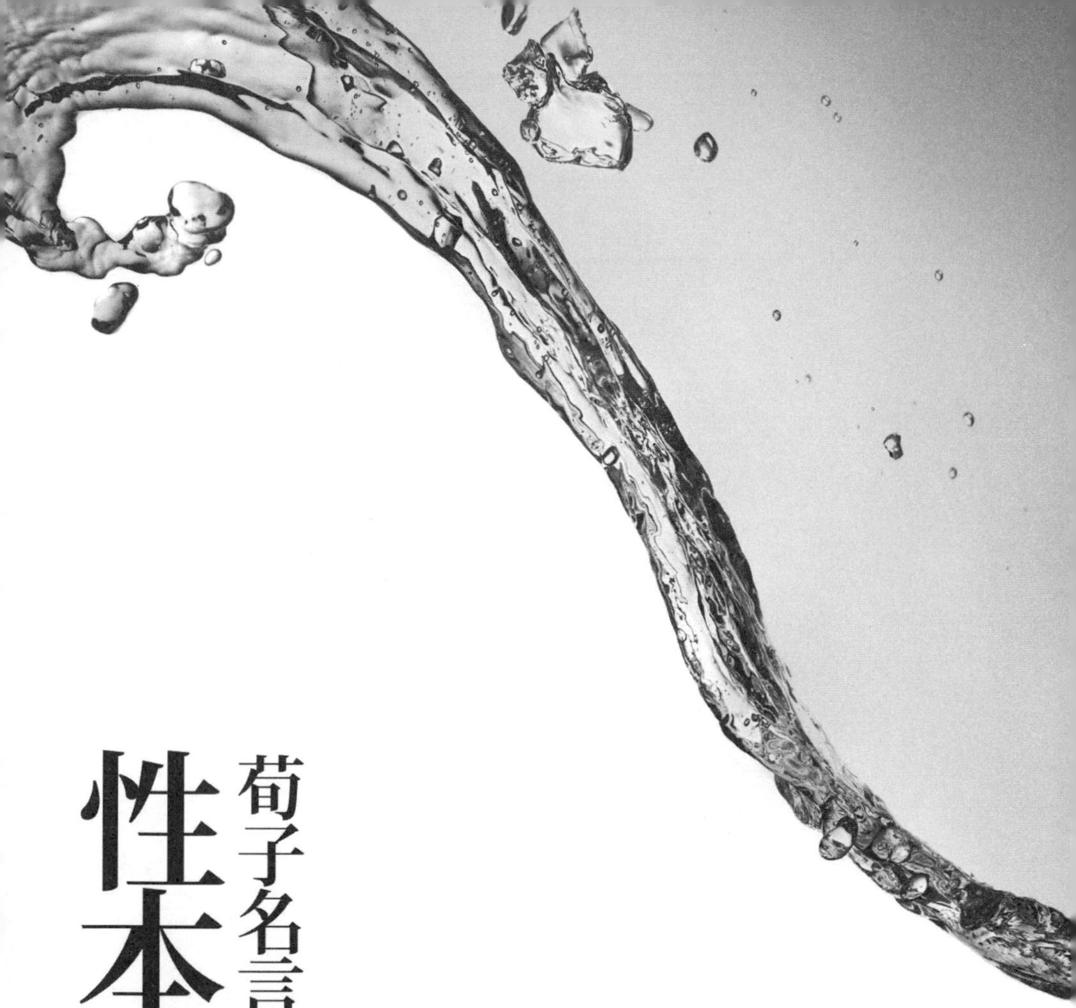

性本惡·荀子

荀子名言的智慧

賴純美、陳秄伶◎著

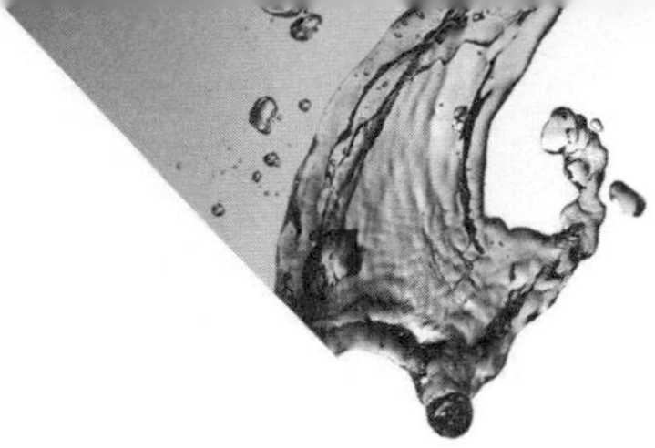

性本惡・荀子

contents

【序】

唯恐天下不亂的就是他？——荀子

在寫荀子以前，我跟你一樣，跟荀子很不熟，只知道他是說人之初性本惡的那個可惡傢伙。世界已經夠亂了，世道已經夠險惡了，人心已經夠徬徨了，經濟已經夠衰退了，恐怖份子已經夠恐佈了，再來個人性本惡的荀子，那生命到底何以爲寄？豈不是唯恐天下不亂！

相信我，當初我也是這麼討厭荀子的，一點兒也不想多認識他。但是，給別人機會，就是給自己機會。荀子能靠著性本惡的說法，闖蕩浩如煙海的中國諸子百家這幾千年，不是身懷絕技，就是得到葵花寶典。

葵花寶典可不是人人能練，練偏了就像東方不敗，你看韓非、李斯法家代表被罵到臭頭，害得連老師荀子也遭殃，但很奇怪，荀子也是私淑孔子，但就沒人罵孔子，你說奇怪不奇怪。

神龍見首不見尾——荀子這個人

其實荀子不是東方不敗，而是寫葵花寶典的人，我們只記得東方不敗武功多強人多邪惡，但好像沒人記得葵花寶典誰寫的，不信你看看，光荀子是不是眞的姓「荀」就有不同的說法。除了《史記》

跟《荀子》裡面叫荀子，其他地方都說他姓「孫」，古人時興避諱這玩意，避什麼諱，避皇帝老子的諱，現代人其實也避諱，避恐怖份子、槍擊要犯的諱。荀子到底姓「荀」還「孫」沒人敢保證，那名字是什麼就又更不能確定了，有說他叫「荀況」「荀卿」「孫卿」，現代人大部分叫他「荀子」，看漏的會變成「筍」子，就沒人叫他「孫子」，因爲已經被寫兵法的「孫子」先叫走了。

姓名那麼多說法，那麼出生的時候就更難精確了，連我們自己的出生時辰，父母都有不同的說法，更何況是幾千年前的荀子，一般的說法是他出生在公元前三一五年前後，有的人說他活了九十多歲，有的還有說一百多歲，就出生在戰國那個兵荒馬亂的時代而言，沒有特別的處世之道，哪能這麼長壽。究竟出生在戰國時代趙國的荀子怎麼在紛亂的時代安身立命，不但在諸子百家裡可以跟亞聖孟子抗衡，還可以教出兩個被世人唾棄的徒弟韓非、李斯，雖然我們無法知道他精確的個人資料，除非發現他的死人骨頭才有辦法用碳十四精準的鑑定，但重要的還是他的思想如何在留傳千年後，在現代讀起來還如此受用，實在值得好好研究一下。

降龍有八掌——荀子的思想

荀子的思想乍看之下有點離經叛道，但是仔仔細細研究起來可不是邪門歪道，而是道道地地的降龍十八掌濃縮版。要練完十八掌對現代人來講可能還沒練完就可以準備養老了，爲此針對現代人求變求快的生活節奏，我們就來個濃縮版，可別小看濃縮版的降龍八掌，練完了保證你比郭靖還厲害。

一、我本來就很壞？

觀念導致行爲的結果：正確的觀念影響選擇與判斷，造成行爲結果。爲什麼荀子要提出性惡？人性的惡有哪些？你眞的了解自己嗎？又該怎麼了解自己？認識自己的開始就要從人性的欲望本質去著手，你本來就很壞，只是你不知道或是不願意承認而已，只要我們把最壞的看成是最正常的狀況，自然而然那些壞的狀況便不會引起情緒的反應，如果試著從我本來就很壞開始，那每前進一步，你就會發現自己愈來愈好，而且也會更努力讓自己愈來愈好。

二、別人比我想的好

除了要認識自己的眞面目，應該要把焦點從自己身上移出去。以往我們總覺得人心險惡，而自己才是善良的。但荀子反其道而行，先了解自己的惡，再去讓你看到別人善的一面，應該用什麼態度識人、與人交往並且引你往善的方向走，這其實是更有正面的價值跟意義的，而人與人的關係也才能更良善、更和諧，而不是疏離也不是暴力。

三、成功從這裡開始

調整了對自己的認知與對他人的態度之後，必得開始跨出步伐，就像練好武功的徒弟，該拜別師父下山去磨鍊磨鍊。在面對挑戰時，該用什麼招式去化解，必得隨著招式見招拆招。要成功必得先練好成功所需的招式，有哪些招式是你要成功必備的條件，就得從這裡開始扎扎實實的練。

四、失敗從這裡結束

有句話說成功一定需要努力，但努力卻不一定會成功。我們要學習成功，當然也要學習怎麼面對失敗。雖然成功有必備的條件，但失敗也是可以歸納出原因的，怎麼樣去避免失敗，失敗可以怎麼預防，荀子做的，就是給你注射失敗的預防針。

五、收買人心之必要

人是群體的動物，很難跟人完全撇清關係。明明一切都按照規定走，看起來也都合理，為什麼生意就是談不成？所謂見面三分情，如果一切都能那麼無私，那不就像機器人設定好了程式，一切依照指令去跑，那樣的人那樣的世界不過就是冷冰冰的電腦、機器人。所謂的收買人心可不是要你像小人那樣巧言令色，而是用同理心、用對方的立場去對待別人，任何事其實就是反求諸己，想想當別人怎麼對待你時你會覺得愉快，同樣的方式去待人就錯不了。

六、打開天窗看世界

世界是什麼樣子？儘管我們可以從書裡面、從雜誌上、從電視上知道世界的樣子，但我們卻無法眞正體會在那裡的生活、那裡的氣味、那裡的風土民情。只有走過的人，才能把你在那裡的感受眞切的表達。荀子說除了要用眼睛學習，廣泛的涉獵之外，更重要的是要用腳走出學問，世界就在那裡，只等著你去開拓。

七、路是人走出來的

看過電影阿甘正傳的人，不管別人怎麼對他，他都是走著自己的路，跑出自己的人生，然後他在自己生命的路上是成功的。我們總以爲成功是跟別人比，但其實成功是跟自己比，跟自己的堅持比。想在人生的路上成功，荀子就教你怎麼走出自己的路、自己的成功。

八、上天也用自然美

我們總以爲善有善報，惡有惡報，不是不報，時機未到；連續劇裡壞人總是壞到底，好人也總是好到底，但最後一定是壞人死光光，好人出頭天。打從小時候我們就知道壞人總會遭到天譴，但荀子在這裡大大顚覆了傳統的想法，天不會有任何的意志去懲罰什麼樣的人，一切都是自然而然，就像老子說的無爲而治，因爲無爲所以在自然的規律中才能眞正的平衡。自然的天擁有了自然的神秘力量，那人呢？人的神秘力量在哪裡？荀子告訴你怎麼找到自己的神秘力量。

坊間的書，除了學術的論著之外，很少人去宣揚荀子的理論。很大的原因是因爲我們受到儒家思想的影響，總是去傳播正面的思想，引導人往善的方向看。荀子甘冒這個大風險公然挑戰孟子的性善說，提出性惡的說法，並不是他眞的把人看得這麼壞，而是他想讓我們在有最壞的打算之後才能用更坦然的心態去面對眼前的挫折、困難與傷害。有句話說千金難買早知道，但如果我們對於早知道的事有更多的了解跟心理準備後，那麼對於發生的事是不是也就有更多的從容與包容了呢！希望你在本書裡，可以更坦然的面對自己、更寬容的面對別人、更積極的面對自己的人生、更快樂的面對太陽昇起的每一天！

卷一

我本來就很壞

人都是遵從自己認為對的而捨棄自己認為不對的。

人之性惡，其善者偽也。〈性惡〉

人的本性是惡的，會變成善都是後天人為造成的。

就是這句話，讓荀子成為千古的罪人，也因為這句話，讓荀子能夠名垂不朽。從小唸三字經，我們就學到了，「人之初，性本善，性相近，習相遠。」所以不管懂不懂，性本善已經變成天公地道的事，就像太陽每天都從東邊出來一樣。但其實荀子也沒改多少，只不過把善改成惡，一字之差怎麼好像就咫尺天涯，大家一講到性惡，好像一副就是這個荀子，就是這個荀子，偶而還要故意把荀子調侃成「筍」子。

套一句曾流行過的話，「有這麼嚴重嗎？」在現在這種笑貧不笑娼的年代，聽起來是好像沒有那麼嚴重，但是要想想荀子的那個年代，可還是相信月亮上有嫦娥的呢！說人的本性是惡的，豈不是等於那時候有人敢說月亮上沒有嫦娥一樣。

但其實，我們恢復理智來想一想，荀子說的也不見得就是錯的，即使是月亮都不是天天圓，總也會有陰晴圓缺。那人性呢？又豈是只有好，沒有壞的。同樣一棵果樹，結出來的果實都不一定全是甜的，更何況是人性。

荀子一定悶壞了，想告訴大家說：「各位，你給我一分鐘，我給你全世界。」荀子的性惡說一聽起來就像業務員賣到不受歡迎的產品一樣，顧客始終不願給他機會介紹產品就拒絕了。但其實荀子的性惡說，就像現在的通訊業者，賣的不是手機而是售後的通話費，他提出性惡，最重要的是要告訴我們後面的「其善者僞」，也就是後天人爲的教育才是更重要的。

馬克吐溫：每個人都像是月亮，有一個陰暗面，從來不讓任何人看見。

凡人有所一同：飢而欲食，寒而欲暖，勞而欲息，好利而惡害，是人之所生而有也，是無待而然者也。〈榮辱〉

只要是人都相同，那就是餓了就想吃，冷了就想穿得暖和，累了就想休息，喜歡對自己有利的而不喜歡對自己有害的，這是人生來就有的，不需要經過後天的學習就有的。

京劇作品《欲望城國》在過去轟動一時，它的爭議性與諷刺性都引起許多討論。這是一齣將莎士比亞劇作《馬克白》劇情改編成中國歷史故事，以傳統君臣夫婦的關係為基礎的作品，莎士比亞原本對人性就有犀利的剖析與深刻的描述，再加上春秋戰國瞬息變色的時代氛圍，獰厲之氣懾人。

春秋戰國時代，諸侯據地分立，北方某小國發生內亂，相國威烈伯圖謀叛變，東城守將敖叔征及其副將孟庭平定了叛亂，在班師回朝的途中，山鬼預言了敖叔征會被封為相國，然後登上王位，而孟庭之子則會繼任王位。

回朝以後，敖叔征果然被封為相國，他的夫人得知山鬼預言的事情，便百般慫恿敖叔謀篡王位。有一天，侯王夜宿在相國府，夫妻兩人便謀殺侯王，登上王位，受到預言的影響，敖叔征害怕孟庭之子將會登上王位，於是，他派刺客謀害孟庭父子兩人，孟庭被刺殺身亡，他孩子卻逃出刺客的刀下，當敖叔征在大宴群臣時，酒醉之餘竟看見孟庭的鬼魂，而告訴了鬼魂所有的陰謀。

孟庭之子後來率領燕軍攻打敖叔征，聽到即將被攻打的消息，敖叔征的夫人精神陷入瘋狂，產生手染血跡的幻象，不斷搓洗雙手，終於自盡而亡，敖叔征想起山鬼曾說除非森林會移動，否則敖叔征將永保王位，所以他站在山崖邊，原本得意洋洋，卻突然看見森林移動了。原來，燕軍將林木砍斷，綁在身上，以爲掩護，接近城門，當場軍心大亂，敖叔征最後身中亂箭，倒地而亡。欲望的可怕不論在莎士比亞或京劇中都有著最淋漓的展現。

…………

史賓諾莎：欲望即人類的本質。

…………

人之生固小人，無師、無法，則唯利之見耳。

〈榮辱〉

人的本性本來就充滿了小人的欲望，沒有老師的教導、沒有禮法的約束，則勢必唯利是圖。

之前在土耳其曾發生令人匪夷所思的眞實事件，一位八十三歲的心臟病人因爲血栓症突然昏倒，鄰居緊急將他送到市中心的烏魯達醫院急救，當時這名病患身上並沒有帶心臟病藥，體內有六年之久的心臟電池又即將沒電了。

當他到達醫院時，醫師便馬上動開心手術，爲病患緊急植入一個新的電池，在手術後不久，察覺他是一個勞保病人，恐怕拿不到錢，又動了手術將他的心臟電池取出來，八十三歲的老命差點完蛋。因爲烏魯達醫院與勞保局並沒有合作契約，所以擔心以後拿不到這個心臟病患的醫療費，於是，才又馬上動手術取出心臟電池，把無用的舊電池放回去，然後將昏厥的老病患轉送到公立特屬醫院。

特屬醫院也出面證實這名老病患的指控，他們表示，這已經不是烏魯達醫院第一次違反醫德，烏魯達醫院也曾經轉送一名心臟血管已經爆裂的垂死病人，這名八十三歲的老病患已經算是很幸運的了，在轉移之後還能夠保住老命，根據轉送急病的須知，不管任何醫院，在轉送病人以前，都必須先做好應急的措施，以免接受病患的醫院來不及準備。

顯然烏魯達醫院完全忽視這個規定，更嚴重的是，他們罔顧人命，在照顧病人以前，先考慮自己的利益，如此恐怖的行醫道德，讓人瞠目結舌。台灣已實施十數年的健保制度，其中的利處與缺陷都還在協調改進，會不會淪爲像土耳其如此可怕的行醫態度，必須依賴全民的努力與醫者的道德榮譽。

泰戈爾：欲望與克制往往並存，二者都是正當而眞實的。

窮年累世不知足，是人之情也。

〈榮辱〉

世世代代永遠都不滿足，這是人之常情。

許多青年在剛出社會時，經濟能力變強了，物質的欲望也逐漸龐大，覺得名牌高檔的享受才算是人生，以爲有了錢，就可以帶給自己快樂，卻在不知不覺已陷入了痛苦中而不自知。最後他們發現，錢並不等於快樂，一連串的壓力跌入自己的生活，一顆顆巨大的石頭壓下來，壓得自己喘不過氣。

這到底是什麼樣的壓力呢？想吃好的、用好的並沒有錯，可是卻無法讓人得到快樂。如果我們試著思索自己爲什麼不快樂，便會發現是來自於無法滿足，不滿足現狀、不滿足生活、不滿足所擁有的，當我們一心一意想著自己沒有什麼，自己要再去得到什麼，卻忘了自己擁有什麼。

自己擁有一個有愛的家庭、健康的身體、一份正當正常的職業，還擁有一份難得的平安，若與那些生平遭遇許多不幸的人們，小小如我，實在幸福太多了，這些擁有還令人不滿足嗎？

太多人遺忘了自己所擁有的一切，老是想著過更好的日子、更奢侈的享受、更崇高的名譽地位、更……，卻忘了自己，目前該快樂的自己。

有一句古話說：「知足常樂。」即使生活不富裕，無法過更好的生活，只要心靈富裕、精神開朗豁達，欲望自然不多，一個人如果能感受到自己所擁有的一切，物質追求便不會占據他整個生命，便能「知足常樂」，獲得眞正的自在快樂。

…………

蒙田：我們總是身不由己，恐懼、欲望、希冀仍在推著我們走向未來。

…………

人莫不從其所可而去其所不可。〈正名〉

人都是遵從自己認為對的而捨棄自己認為不對的事。

這句話分明就是「只要我喜歡有什麼不可以」的範本。所謂人不為己天誅地滅，這個倒也還好，誰敢說自己從來沒有私心呢？

在經濟學裡面，就假定人都是有私心的，消費者總想要用最低的價格買到最好的產品，而生產者也想用最大的利潤去賺消費者的錢；由於兩者的私心，才能透過市場機能達到消費者跟生產者的滿意極大值，而價格就是在這種互蒙其利的關係中取得平衡。

所以從經濟學的角度來看世界，人有私心倒是一件好事，還是促進經濟的好方法，根本也不用政府的什麼振興經濟方案，當然這也是過度樂觀的看法。不過，一樣米養百樣人，什麼樣的人我們都會遇到，而你也無需過度震驚，那些你無法苟同的部分其實都是人性的一部分。

在職場上最常遇到溝通的問題就是各自的立場各自表述，沒有交集的溝通，想要突破這樣的僵局，總得有一方先站在對方的立場才有辦法突破，但這並不表示就是認輸，站在對方的立場其實也只是代表了另一種溝通的方式。下次當兩方僵持不下時，你可以先用這個方法試試，或許會有讓你意想不到的效果喔！

…………

尼采：一個人若是以自己的標準來衡量自身價值感或者塑造自己，那是十分惹人厭憎的。

…………

順情性則不辭讓矣，辭讓則悖於情性矣。〈性惡〉

如果順著人的本性，那就不會有謙讓的事，謙讓原來就是違背本性的事。

不管你現在被歸類在哪一年級，應該都聽過孔融讓梨的故事。故事說的就是有一天孔融的媽媽拿了一大一小的梨子要讓孔融選，沒想到孔融竟然選了小的，還說他是小的吃小梨，大的梨留給哥哥吃。從此，孔融就成爲從古到今最出名的童星。

不知道各位在當時聽的感想如何？如果是五六年級生在當時聽完可能會想說：「孔融眞是個了不起的人，我們應該要向他學習，要做個像孔融一樣乖的小孩。」但如果是現在的E世代，聽完後可能會很不解的說：「啊！孔融是頭殼壞了，當然嘛要拿大的，我才沒那麼偉大要拿小的咧。」乍聽之下，很多人尤其是四五年級生一定會嚴重的感嘆：「哎~眞是時代不同了，一代不如一代，要命喔！」先不作任何評斷，仔細想想，小時候剛聽到這個故事的時候，是不是心裡偷偷的想如果媽媽眞的拿了一大一小的梨子要讓我選，在還沒聽過孔融讓梨的故事前，我一定還是想拿大的梨子，但從今天開始因爲聽過孔融讓梨的故事，所以不能再拿大的梨子，應該要像孔融一樣會謙讓才對。

不過，我更相信，大部分的人一定聽完就忘了，回家後還是一樣跟哥哥姊姊弟弟妹妹搶玩具搶糖果。當哥哥的想，弟弟應該要當孔融的；當弟弟的也覺得，哥哥應該跟孔融學，兩個人搶著想讓對方當孔融。

荀子的話乍聽之下不像一般人會說的話，但仔細想想還眞是忠言逆耳啊。人的本性本來就沒有謙讓這回事，謙讓原來就是違背本性的事。所以說過馬路一定要小心，根本沒有禮讓行人這回事。

…………

泰戈爾：當一個人非常謙虛時，就是最接近偉大的時候。

…………

苟無之中者，必求於外。〈性惡〉

假如是本身所沒有的，人一定是向外去追求。

得不到的總是最好的，於是很多人的初戀總變成胸口永遠的痛，別人的老公總是多金體貼又浪漫，別人的老婆總是溫柔嫻淑又美麗，別人的小孩總是聽話乖巧又懂事，別人的工作總是錢多事少離家近，別人的房子總是寬敞明亮又舒服；別人的總是最好的，就連跟朋友一起吃飯，明明叫的是自己想吃的餐，但餐一上來了怎麼又覺得朋友的看起來更好吃。

於是，我們總是不斷地看到別人有的，於是我們總是不斷地覺得自己沒有，於是我們總是不斷地羨慕別人有的，於是我們總是不斷地忽略自己擁有的。

把你的眼睛轉回到自己身上吧？我的老公雖然沒有多金體貼，但是不是忠厚老實又會作家事；我的老婆雖然沒有溫柔嫻淑，但是不是會給我噓寒問暖蓋被子；我的小孩雖然沒有第一名，但是不是每天吃得好睡得飽快樂又健康；我的工作雖然沒有錢多事少，但是不是至少離家近同事好相處；我雖然沒有汽車洋房，但至少還有溫暖的家跟方便的捷運可以搭。

人都喜歡別人的，但如果你開始試著多想想你有的，你會愈來愈幸福，很快的，你就變成全天下最幸福的人。

…………

歌德：生活就是這兩種事態的顯彰——想做而做不到，做得到卻不想做。

…………

材性知能，君子、小人一也。〈榮辱〉

人的資質品性、認識和掌握才能的能力，不論是君子或小人都是一樣的。

我們經常在嘴邊說著：「知識就是力量」，但第一個提出「知識就是力量」的人卻早在中古世紀就出生了。

他的名字叫法蘭西斯．培根，是一位中古時期有名的唯物主義哲學家，年輕時代就讀於劍橋大學，大學畢業後便到英國大使處服務，之後他相繼擔任了議員、掌璽大臣、大法官等職位，後來還被封爲子爵。

法蘭西斯．培根對哲學領域一向很感興趣，晚年時便辭去職位，專心從事哲學與科學的研究工作。他認爲，經院哲學是哲學研究的偶像，如果想要獲得眞正的知識，就必須先打破偶像，要直接觀察、研究世界本身，並且通過實驗和科學歸納，才能得到正確的結果。

當馬克思在研究培根理論時提出：「科學是實驗的科學，科學方法就在於以理性的方法去整理感性材料，歸納、分析、比較、觀察和實驗是理性方法和重要條件。」培根明白指出了實踐在認知中的重要作用；實驗可以認識眞理、判定事物的科學價值，這在當時是很了不起的。

那麼，在講堂上的大學教授與工地的工人同樣都面對著「這個世界」，爲什麼他們眼裡的世界卻不同呢？其實，無論是教授或是工人，他們的聰明才能都是一樣的，但他們「實踐」在不同的領域，教授所見的是「理論」的世界，而工人所見的是「運作」的世界，他們以自己的觀察、整理、分析方式去理解這個世界，因而產生了不同的看法。

中國的君子、小人也是一樣的，他們都擁有著相似的稟賦才能，但君子運用在正途上，爲國家社會貢獻心力；而小人運用在劣途上，只求個人的利益，甚至爲了自身利益而危害他人。

卡爾．克勞斯：大量的知識可以塞進一個空空如也的腦袋。

斬而齊，枉而順，不同而一。〈榮辱〉

就是因為不齊才會有齊，有不直才能順直，有不同才能相同。

十六歲的愛因斯坦開始思考一個問題，那就是，假如一個人以光速跟隨一道光束飛行，會看到哪些景象呢？比如說，如果光束是由時鐘反射出來，那鐘看起來該是靜止的，但別人看來，同樣的鐘卻不停走著，這是相對論的種子。

一九〇五年，愛因斯坦對這類問題已經苦思十載，只要臨門一腳，就能踢出一個劃時代的新理論，後來他與好友貝索在一場討論後，愛因斯坦突然想到，解決問題的關鍵在於，傳統的「絕對時間」與「同時性」的概念，因為「絕對時間」並不存在，而時間與光速之間有密不可分的關係。

沒多久，他便提出了一套理論，他提出的觀點是在任何慣性座標系中，不論光線源自靜止或運動的光源，光速一律是常數，而物理定律在任何慣性座標系中都具有相同形式，也就是相對性原理，他導出精確的「洛倫茲變換」，再利用這個變換導擬出長度收縮、時間膨脹、同時性的相對性，以及質量隨速度增加的公式和新的速度合成法則，形成一套嶄新的時空觀，這套理論後來被稱為狹義相對論。

在如此難解的相對論解釋下，我們還是可以求一個簡單的理解，那就是每一物質、每一種概念都是相對產生的。

……………

密勒斯：我對孩子的教訓，只有「工作」二字。他們不可能都成爲天才兒童，但他們卻都能夠做工。

……………

人倫並處，同求而異道，同欲而異知，生也。〈富國〉

各種人都能相處在一起，是因爲雖然想要的一樣，但是追求的方法不同；雖然欲望相同，但對欲望的認識不同，這就是本性的差異。

儒家最愛談君子與小人的差別，連荀子也不例外。他認爲無論是君子，或是小人，都存在於整個社會之中，他們都追求成就，但彼此依循著不同的途徑，君子以努力、智慧來達成，而小人以手段、狡黠來達成。

君子與小人都有著各種人生欲望，但他們對欲望的認識卻不同，君子克制自我私欲，努力完成眾人的需要；而小人相反，他們不顧別人死活，只汲汲營營於私人欲求。

君子與小人都可能是具有才能的人，他們的不同在於「德勝才謂之君子，才勝德謂之小人。」君子能夠善用才能來爲善，而小人靠著才能來作惡。

有才有德的人，我們因尊敬而稱爲君子；無才無德的人，由於愚昧無知，而被看成笨蛋；至於那些有才無德的人，則是破壞社會的壞蛋了。

……………

歐文：人生的奮鬥目標決定你將成爲怎樣的人。

……………

性者，本始材樸也；偽者，文理隆盛也。

〈禮論〉

人的本性是原始自然、質樸的；人的行爲，就是靠禮法條理來完備的。

從這裡，我們可以看到荀子總算露出馬腳了。不是說「人之性惡者，其善者僞。」這裡怎麼又變成說「性者，本始材樸也。」荀子自己打自己嘴巴囉！有沒有自己打嘴巴其實不重要，聽得懂的人不會去計較這些小地方，把握大原則才是比較正確的，荀子的重點是一定要靠後天來培養啦。

我們在教小孩子的時候，常常會要求他看到長輩要叫人，每個小孩都有自己的個性，我記得我小時候，因爲個性很內向，又始終搞不清楚該怎麼叫人，所以每次看到長輩時總是很想趕快躲起來，實在很怕叫錯人。

你可能會認爲「有這麼嚴重嗎？」現在想想好像沒那麼嚴重，但當時的確覺得很困擾。因爲這樣，在長輩的眼中看起來就是孤僻害羞、不夠大方的小孩子。的確也因此，我一直是個看到長輩就害怕的小孩，直到長大出社會工作了，發覺在公眾場合裡，如果自己還是這樣害羞內向，只會讓人看起來太生澀。生澀太嫩也不是說絕對的不好，但是如果剛出社會是這樣，或許人家還可以了解，但是如果已經出社會一陣子了還這樣，感覺好像自己一點進步也沒有。

由這個經驗，能比較明確的知道禮法是行爲的一個準則。孔子不也說：「入大廟每事問。」在知道禮的情況，你的行爲才不會因爲不知禮數而出了更大的洋相。所以說教育是從禮開始的，那能幫助我們在無所適從的生活裡，知道該怎麼開始面對。

…………

塞內加：生命既不是善，也不是惡；它只是善與惡存在的地方。

…………

君子生非異也，善假於物也。

〈勸學〉

君子的天資並沒有比別人優越，只是比別人更知道怎麼借助外來的力量幫助自己。

即使是天才，都需要九十九分的努力，更何況是平凡人呢？唸書的時候，我們總會納悶，爲什麼明明都看到同學在玩，考試成績出來了人家怎麼就是比你高分。一問他怎麼唸書的，人家還跟你說其實回家也沒怎麼唸，就上課聽一聽而已。當時的你，一定覺得同學不是臭屁就是太假了，覺得他一定是回家偷偷唸。

只因當時年紀小，果眞是以小人之心度君子之腹。人家哪是偷偷唸書，只不過是上課專心再加上看到重點當然事半功倍。愛迪生在還沒發現用鎢絲來作燈泡以前，曾經嘗試了幾百種的材料，但都失敗，而這個可愛的發明家卻說：我已經知道了幾百種不能當作燈泡的材料了。

羨慕別人成功的同時，往往伴隨的是一種酸葡萄的心態，尤其是當你覺得資質比你差的同學考上了比你好的學校，或是你覺得他不怎麼樣的同事先升官了，總會有一股不是滋味的感覺，明明我沒有比他差，爲什麼我的運氣那麼不好呢？眞的是這樣嗎？

往好一點看，至少你還是認同自己，知道自己沒有比別人差，那既然這樣，爲什麼際遇比別人不順呢？荀子在這裡給了我們很大的信心呢！那些成功的人，我們的資質可眞是沒比較差喔，但是人家可是比我們會審度情勢借力使力哩。自認爲資質不輸人的人，在這一點上，可眞要多學學了。不要只看到別人成功的光環，而是要去學習光環背後所付出的過程。

…………

德謨克利特：很多博學的人並不聰明。

…………

馬鳴而馬應之，牛鳴而牛應之，非知也，其勢然也。〈不苟〉

馬的嘶叫會有別的馬來應和，牛的鳴叫會有其他的牛回應，這不是牛馬特別聰明，而是本能使牠們這樣。

宇宙間冥冥存在著各種法則，這些規則不斷縈繞於我們的生命中、生活中，只要仔細觀察周遭事物，就能明白宇宙法則無所不在，從動物、植物到礦物，都無法逃脫。往南飛的候鳥時間一到便聚集在一起，愛藝術的孩子容易成爲朋友，冥冥之中的力量影響著生物的意念與行爲。

當人面對一篇充滿光明面的文章，心理健康開朗的人，能夠輕易地瞭解體會其中的奧妙，而心靈晦暗的人，通常必須花費較大的力氣，讓自己瞭解其中眞義，或者可能連看也不想看。

人們也常隨著自己心境的變化，改變對音樂的喜好。音樂是一種聲波的律動，會應和人類意念引起共鳴，當人類心中存有不同的能量，自然心靈便偏向某種類型的音樂，對於那些相反類型的音樂，產生討厭的情緒，所以有些人喜歡搖滾、雷鬼，有些人喜歡聖樂、抒情曲，這都是心靈的反射。

可見，人類心靈之光的明亮或暗淡，會導引人類興趣嗜好的改變，從前很投機的朋友，現在卻不知道該聊些什麼，以前覺得重要的辛酸與抱怨，如今卻覺得微不足道，轉而去尋找現在想談的話題了。

所謂「物以類聚」，看看自己身邊的朋友是什樣樣子，約莫可以瞭解自己是那一類人物，仔細觀察週遭事物，宇宙之間的法則隱隱藏於其中，眞理存於日常生活裡。

…………

亞里士多德：羽毛相同的鳥，自會聚在一起。

…………

凡人之患，蔽於一曲，而闇於大理。

〈解蔽〉

人在認知上最大的毛病，就是容易被事物的一面所蒙蔽，而不明白全面的道理。

在尋寶風氣盛行的時代，出海找寶藏是十分普遍的活動。當時有一位長者的兒子，想參加商隊出海的活動，就告訴其他人說：「我非常熟悉航行駕船的技巧，假如船進入了海水暗潮洶湧的地方，就要這樣控槳收帆，把船身穩住再筆直前進，這樣就絕對安全、沒有問題了！」

他說得好像經驗豐富，讓大家對他的技術深信不疑，於是答應他加入商隊。結果出海沒多久，原本體格強健、經驗豐富的船長，忽然暴斃死了。這時候群龍無首，大家就想到長者的兒子，由他來代替船長的職務。沒多久，船駛入暗流洶湧的海域，代理船長把控制船身的方法念了一遍，但既不知怎麼親手操作，更不懂如何調配人手。船身就在幾陣猛烈的顛簸之後，翻覆在茫茫大海中，整船的人都罹難，無一倖免。

很多時候，我們都會發覺有人說大話：「啊——那個簡單啦，不就是這樣而已嘛！」但等到實際操作時，問題狀況一堆，更慘的是有時候還要連累別人來善後。知識需要靠經驗來證明，經驗也需要靠知識來累積，兩者是相輔相成的。相信自己並沒有什麼錯，但過度膨脹就不好了，如果有人因此而受傷或是遭到什麼不幸，就不是道歉可以解決的，那將會是一輩子的遺憾。

…………

艾伯特・赫巴德：永遠保持無知的秘方非常簡單而且有效：滿意於自己的意見，並滿足於自己的知識。

…………

自知者不怨人，知命者不怨天；怨人者窮，怨天者無志。〈榮辱〉

有自知之明的人不會去埋怨別人，了解命運的人就不會去怪罪老天；埋怨別人的人就會窮困，怪罪老天的人沒有見識。

一個人知道事理，擁有學識，都還不算是眞正的「知」，一個人要知道自己，才能說是眞的知。許多人有聰明的腦袋，對政經、科技，乃至於天地，都有廣泛的瞭解，他們知道的東西很多，但他們知道的愈多，就可能愈不知道自己。

怎麼說呢？佛法裡有句話：「大事未明，如喪考妣」。意思是一個人如果不知道自己，即使知道全宇宙的事情，也還是無知。

現在的文明社會，知識豐富的人實在太多了，但是如果自己的心術不正，那麼，擁有的知識也會被誤用。當知識不能在站在正確的道路上，就變成一種「痴愚」了。一個人不知道自己，便無法眞正認識這個世界，知識在世界翻騰攪亂，世界顚顚倒倒，社會離奇變態，生命歪斜苟且。

倘若一個人能先知道自己，進而改善缺點，那麼，世界上事理眞相便是環環相扣的鎖鏈；若不知道自己，不知道人我關係，便不能理解什麼是心境一如，心就會被外界所繞轉，被外物所奴役，卻不能自拔。

《般若心經》說：「心無罣礙，無罣礙故，無有恐怖，遠離顛倒夢想。」能夠認識自己，就能心無罣礙，進而看見自己的圓滿人生。人沒有自知，就像是眼睛看不見睫毛一樣，眼睛可以看見遠方的事物，卻看不見自己的睫毛。當我們忙著計較別人的成敗，指責他人的同時，卻忽略了自己，一個有自知之明的人，是知道自己，且能看清別人的人。

加文．尤爾特：命運降臨到我們身上的一切，都由我們的心情來確定價格。

能小而事大，辟之是猶力之少而任重也，捨粹折無適也。〈儒效〉

能力不夠卻又好高騖遠，就好像是沒有足夠的力氣卻又去挑很重的擔子一樣，除了骨折之外再沒有其他結果。

知名作家吳若權曾說：「愛，要量力而爲。」人的生命中有很許多事情，都需要量力而爲，有時候甚至連愛情都必須量力而爲，我們總是鼓勵別人凡事要盡力而爲，盡力爭取好的成績、盡力做好自己的工作、盡力賺錢，盡力、盡力、再盡力。但盡力過了頭可是會過勞死的，也可以說，所謂盡力是沒有盡頭的，爲自己，也爲身邊的人，還是先看清楚狀況，再量力而爲吧！

尤其在愛情的互動上，不妨放輕鬆一點，量力而爲就好，不必愛得挖心掏肺、愛得苦惱辛酸、愛得死去活來，愛，能讓人輕鬆自在，才會快樂。

愛情，要有來有往，有付出也有回饋，才能走得長、走得遠，千萬別愛他人超過愛自己，沒有了自己的愛是盲目的、無價值的。談戀愛，要懂得衡量，千萬別只問耕耘，不問收穫，否則當你失去這段愛情時，往往會賠了夫人又折兵，衡量並不是要人對愛情錙銖必較，而是要在愛的原則下爲自己著想，懂得愛自己，你的愛才有價值。

坊間有一句流行的話：「愛情是女人的全部，是男人的三分之一。」聰明的現代女性也應該開始學習，把愛情視爲生命中的一部份，而不是生命的全部。量力而爲的愛情，既能保存自己的實力，也不會給對方太多壓力，給彼此精神上的空間、生活上的空間、人生的空間；懂得在愛情中，衡量自己的力量，該付出多少，該保留多少，運用智慧好好思考。

…………

馬克・吐溫：如果所有的人都是富有的，那麼所有的人都是貧窮的。

…………

夫驥一日而千里，駑馬十駕則亦及之矣。〈修身〉

雖然千里馬一天就可以跑千里的路，但資質不良的馬跑十天也是一樣可以跑千里路。

一隻馬會不會願意承認自己是駑馬，而願意勤能補拙，努力的跑？這應該蠻難的吧！馬怎麼可能會有這樣的自覺呢？那麼馬都不願意承認了，何況是人，是嗎？

剛上國中時，仍然是採能力分班，所以在暑假的新生輔導結束前，學校為新生作了一個智力測驗。原來不太知道為什麼要做智力測驗，後來才知道是要分班用的。而就在智力測驗完後，學校寄來了通知，通知我即將就讀的班級。雖然唸國小時成績不是頂出色的，但是跟哥哥姊姊比起來的話，在父母眼中我還是成績比較好的，但是就在參加完國中分班的智力測驗後，自信心大受打擊，原來哥哥姊姊在智力測驗這一關都是被分到好班，而我卻在智力測驗之後被分到所謂的放牛班。強烈的自尊心，自然是不願意承認自己的智力原來是很低的，跟姊姊哥哥比起來他們是千里馬，而我是駑馬？

即使是馬都不會承認自己是駑馬，身為人更不可能，我怎麼可能承認自己的智商是被半放棄狀態的孺子不可教也呢？就靠著這一股不服氣，半學期後，在班上因為成績還不錯，在下學期就被調到次好班，升上二年級後，再被分到好班，也就是所謂的升學班。如果當初我就甘於被定位爲一隻駑馬，想必今天的我又是一番不同的光景。

你是千里馬還是駑馬？不是讓別人來幫你分類，而是看你自己究竟想成爲哪一種馬！

亨利．華德．畢卻：在生命的尋常事物裡，勤奮可以使你做到任何天才所能做到的事，以及許許多多他所做不到的事。

愚者為一物一偏，而自以為知道，無知也。〈天論〉

有人如果認爲任何一物就只是他所看到知道的那樣，而且又自以爲什麼都知道，那就是什麼都不知道。

《百喻經》裡有一個故事講〈誰是傻瓜〉。從前有一個禿頭的傻瓜，有一天，突然有人拿犁往他的頭上打，一下子就把傻瓜打得頭破血流。但傻瓜還是傻傻的讓他打，躲也不躲。旁邊的人實在看不下去了，想替他出口氣說：「人家沒事打得你頭破血流，你也不躲。」傻瓜說：「打我那個人驕傲自大，自以爲孔武有力，卻比我還笨。他看到我的頭上沒頭髮，還以爲是塊石頭，所以才會用犁打我的頭。」旁邊的人聽了好氣又好笑的說：「你自己笨，怎麼還說別人笨呢？你如果不笨的話，爲什麼不知道躲避，而被人打得頭破血流呢！」

這個故事看起來眞是不可思議，人竟然可以無知到這種程度，但誰說不會呢？就連唐宋八大家的蘇東坡有一天和佛印相對坐禪時，蘇東坡一時興起問佛印說：「我看起來像什麼？」佛印說：「像一尊佛。」當佛印反問蘇東坡：「那麼你看我像什麼？」蘇東坡揚揚得意的說：「你看起來像一堆糞。」而佛印只是笑笑的說了聲：「阿彌陀佛。」渾然不覺有異的蘇東坡回到家還沾沾自喜比佛印的境界高，把這事告訴他的妹妹——蘇小妹，蘇小妹說：「哥哥，佛印心中有佛，所以看你是一尊佛，而你心裡只有牛糞，所以看佛印是牛糞。」蘇東坡這才恍然大悟，原來還是著了佛印的道。

不管你是百喻經裡說的傻瓜，還是自識爲才情非凡的蘇東坡，當人只站在自己的立場去看事情時，往往都認爲自己是對的，如果你總是只看到自己的那一面，即使蘇東坡再世，也不過是心裡一團牛糞的傻瓜，有什麼好驕傲的呢！

…………

愛爾維修：每一個人都清楚地看到自己所看的東西，但是沒有一個人對自己的無知抱著恰如其分的懷疑態度。

…………

人何以知道？曰：心。心何以知？曰：虛壹而靜。

〈解蔽〉

人要怎麼才能眞正的知道？就是用心。心又怎麼能知道呢？就是要虛心專一而平靜。

你看到你自己了嗎？現在的你正在作什麼？在工作、在睡覺、在唸書、在上課、在吃東西、在看電視、在看荀子？（好像是廢話）但是你看到了什麼？你看到自己了嗎？

很多時候我們很多的行爲是連自己都沒辦法解釋「爲什麼」的。

爲什麼我喜歡？爲什麼我不喜歡？爲什麼我要？爲什麼我不要？爲什麼我生氣？爲什麼我快樂？爲什麼我悲傷？爲什麼……？但其實我們很少很少問問自己「爲什麼」。

戀愛中的人會去問對方說：「爲什麼喜歡我，喜歡我什麼？」問的人無非是想從別人的眼中找到自己，藉由別人的觀看找到自己是誰，所以我們會去問，因爲我們常常對自己也沒有信心，或者我們根本也不知道自己是誰。通常被問的一方也不知道爲什麼？他們總會說喜歡就是一種感覺，一種連心都不由自主的感覺，說得出來的就不是喜歡了。

你知道了嗎？知道你自己？知道你心裡想些什麼了嗎？還是你根本不想知道？試著把你的雜念放

下來，試著在夜深人靜的時候，給自己一盞燈、一杯茶、一枝筆、一張紙，試著讓自己什麼也不做，你只是坐下來，只聽你自己，只看你自己，只跟你自己講話，然後，你將會知道你的心、你自己。

…………

雨果：唯有人的心靈才是眞實的。嚴格說來，相貌不過是一種面具。眞正的人在人的內部。

…………

人心譬如盤水，正錯而勿動，則湛濁在下，而清明在上。〈解蔽〉

人的心就像放在盤子裡的水，端正的放著而不去搖動，那麼雜質就會往下沉澱、乾淨清澈的水就浮在水面。

我們的心常常被外物所干擾，從睜開眼睛那一刻開始，心就不斷地流轉。一早出門，看到陽光就覺得心情很舒暢，下雨就會覺得很鬱悶；公車沒有等很久就會很愉快，路上塞車就會很急躁；比主管早到就會沾沾自喜，遲到就會灰頭土臉；開會看別人被批會很過癮，自己被批會很不爽……

心就像雪克三三，事情來了自動搖三十三下，雪克之後不是一片平坦，而是一片混濁。大事搖多一點，小事搖少一點，沒事自己也會搖一點，我們的心就像在玩撲克牌的二十一點，常常一不小心再來一張就爆了。

如果人的心被外面的事物所遷移，跟著外面的事物跑，那就真的必須「時時勤撫拭，勿使惹塵埃。」這樣不但自己累，旁邊的人時時感受到你情緒的跳動，承受你的情緒，也是會很累的。

把自己的心當成一個沙漏吧！事情來時就開始倒過來計時，隨著事情一分一秒的過去，開始慢慢一點一滴的漏掉，想辦法把那些情緒排解掉，當事情結束的時候，沙漏也漏完了，而你的心也空了。下次再有事情來的時候，不妨在心裡趕快安裝個沙漏，試試看把那些不愉快的都漏光光，但千萬不要自己漏完了又雞婆倒過來重倒一遍啊。

…………

高爾基：多數人的心靈像浮雲一樣變幻莫測，似假寶石一般光怪陸離，總是依照它所接觸到的色彩，恭順地改變著自己的顏色。

…………

卷二

別人比我想的好

對於知識份子，不能只看他的外貌，不能只聽他的言辭，更重要的是去了解他的思想與行為的背後真義

凡人之動也，為賞慶為之，則見害傷焉止矣。〈議兵〉

一般人的行爲動機，大部分都是爲了獎賞而去做，如果是知道做了會有所損害的事，就不會去做了。

在戰國時期的最後幾年，秦國是個叱吒風雲的國家，有位富裕的商人叫作呂不韋，他在趙國經商時，曾經幫助過子楚，把自己的妾趙姬送給子楚爲妻。

後來子楚回到秦國坐上王位之後，呂不韋就被封爲文信侯，擔任相國的職務，沒想到莊襄王子楚在位三年就過世了，由趙姬所生的兒子嬴政擔任王位，此時嬴政只有十三歲，他就是未來的秦始皇。年幼的嬴政尊稱呂不韋爲仲父，當時秦國的政治大權都操縱在相國呂不韋與太后趙姬的手上。

由於戰國的養士之風非常盛行，如信陵君、平原君等四公子，都養有門客數千人，秦相國呂不韋也養了三千門客，作爲他的智庫，爲了鞏固自己的政權，呂不韋請進三教九流的人做爲門客，而這些門客都將自己所學的見解和心得，寫在書紙上，呂不韋命人將這些資料彙整起來，編成一部二十多萬字的曠世巨著，並命名爲《呂氏春秋》。

呂不韋將此書獻給嬴政，作爲秦國統一天下的經典，當時，他將此書懸掛在咸陽城上，公佈說，如果有人能在書中增加一字或減一字，就賞賜千金。這就是秦國實踐的「厚賞重罰」制度，不只是更動《呂氏春秋》上的文字，可以賞賜千金，在戰場上割下敵人的左耳，也能獲得加封進爵，賞賜萬金。

這樣的「厚賞重罰」制度，使秦軍變成虎狼之師，他們比老虎、野狼都恐怖。但，如果這些秦國軍人，知道他們辛苦建立的大秦帝國，在十五年後就消失了，他們的妻子兒女將因此而蒙受苦難，那麼，他們恐怕不願意再上戰場，爲帝王的野心而殺害他人了吧！

路德：如果你聰明，你會知道自己無知；如果你不清楚自己，你便是愚昧。

人之所好者何也？曰：禮義辭讓忠信是也。

〈彊國〉

人們嚮往的是什麼呢？就是合乎禮義、謙讓守信用。

每次的廟會遊行中，我們總會看到一個身材高大，白臉長舌的神像，他身邊一定會有一個身材矮小，大臉墨黑的神像，那個很高的神像叫七爺，而矮的叫作八爺，雖然他們面目猙獰，卻不是什麼兇惡的神，而是代表善良守信用的神喔！

據說，七爺八爺在城隍府裡擔任差使，是負責捉壞人靈魂的補頭，每到夜晚，他們就會變成人的模樣，到市街上面巡邏，如果有人做壞事，他們就施法讓那個人生病。其實，七爺八爺原來並不是神，而是人類，他們是福州地方衛門的小差役，兩人感情很好，像親兄弟一樣，由於他們做事公正，絕對不會隨便抓無辜的老百姓來頂罪，所以很受當地百姓的敬重，七爺的名字叫謝必安，他的心地善良，如果別人對他不禮貌，他從不生氣，脾氣十分溫和；而八爺的名字叫范無救，他的性子急躁，對於做壞事的人，是絕對不肯原諒的。

據說有一次，他們兩人走到橋邊，忽然下起大雨，於是七爺就對八爺，說：「你在橋下躲一躲，我去拿雨傘。」可是當七爺回到家，突然發了高燒，手腳無力，沒法去接八爺，而八爺仍在在橋下等候，只見雨越來越大，河水高漲，他依然不敢離開，於是雨水淹到他的腳部、腰部、胸部，頭部，他雙手緊抱住橋樑，溺水而死，據說他的面目墨黑，是因爲在水裡掙扎變成的。

而七爺在退燒之後，馬上拿雨傘半走半爬到了橋下，只見八爺抱住橋樑已經死了，他難過得跳到河裡想自殺，沒想到河水已退潮，淹不死他，於是他爬上岸後，就把自己吊在橋樑上死了，後來七爺會背著雨傘，吐著舌頭，就是因爲如此。福州人爲了感念他們守信良善的行爲，便建廟祀奉，尊他們爲謝將軍與范將軍。

…………

孟德斯鳩：衡量一個人的眞正品格，是看他在知道沒有人會發覺的時候做些什麼。

…………

人之所惡何也？曰：汙漫爭奪貪利是也。〈彊國〉

人們討厭的是什麼呢？就是欺詐、爭權奪利。

一般人有種不自覺的通病，就是喜歡自己讚美自己，又無意識地毀謗別人，不管是光明正大地讚美自己一番，或是私下詆毀他人，都是「自讚毀他」，自己再好，再有道德、再有能力、再有學問、再聰明伶俐，都該有發自心中的謙和，更不能夠私下毀謗別人。

古人認爲，自己到處讚美自己，自己到處宣傳自己，是傻瓜才會做的事情。不過，現在時代不同，在古時候，一個人若自己讚歎自己，總有一點不好意思，但現代人可不一樣，他們認爲自己讚歎自己是應該的，本來就應該自我宣傳，炫耀自我表現，這早就變成一個社會風氣了。

這樣風氣是好還是不好？其實並不一定，要看我們如何去看待這樣的狀況。

在現代的社會裡經常可以聽說到一些，因爲惡性競爭而產生的效應，小的可能是小團體裡的鬥爭，大的可能是地區性的動亂。

曾經有一個故事是這樣的，有位佛學師父到某個寺廟道場去講課，沒有多久，他便看到了這個寺廟裡面的鬥爭，原因爲何呢？原來建築這座寺廟是老和尚的徒弟到處化緣得來，有人化得多，有人化得少，爲了爭著做當家，彼此爭論，天天吵架，連小小的寺廟都吵鬧不安，他們爲了爭權奪利，完全忘記了習佛的修行。

佚名：不回護自己的短處，是進德修身第一要事。

凡人之取也，所欲未嘗粹而來也；其去也，所惡未嘗粹而往也。〈正名〉

人想要得到而去追求的，不一定完全能追求得到；討厭不想要而要去掉的，也不能完全都去得掉。

有什麼事是想要但是不一定能得到的？

那可多了，錢買不到的東西幾乎都是。比如說愛情、友情、親情、智慧、自信、快樂……，年輕的時候我們總會想要追求一些外在的事物：金錢、名利、權力、地位、名牌，所以我們用青春換取物質的享受，到老了，我們知道這些不能帶給你眞正的快樂，於是我們才會知道生命的價値在哪裡。

收到朋友轉寄來關於三個大男生的聚會，一個是國中老師，一個是竹科的工程師，一個是即將出國念博士的研究生。在吃飯中三個大男人開始談生涯規畫。

國中老師現在留職停薪唸研究所，很想換環境去竹科或是出國留學，但另外兩個人卻羨慕他的收入穩定、生活安穩。而竹科的工程師，也想辭掉每年可以配股分紅的公司，一心只想出國留學，而另外兩個都替他的高額股票可惜；至於研究生呢？面對出國的壓力與家人的期待，他想放棄留學的夢想，找個工作穩定下來，另外兩個一樣的都羨慕他的求學順利。

你想擁有的是怎樣的人生呢？是安穩的國中老師？是拿命換錢的竹科工程師？還是異地求學的留學夢？你想要的人生是自己的呢？還是別人的呢？答案就留給你自己去解答吧！

…………

泰戈爾：鳥兒希望牠是一朵雲，雲兒希望它是一隻鳥。

…………

相人，古之人無有也，學者不道也。〈非相〉

看人的面相去判斷吉凶禍福，古時候的人沒有這樣做，有學識的人也不會去談論。

有一句古語有說：「命由己作，相由心生，禍福無門，唯人自招。」命運的好、壞是由我們的雙手創造的，而不是僅僅從面容就能觀察出未來的吉兇禍福，倘若能時常行善，幫助別人，保存好的念頭，心中無愧，好運自然會來到身邊，至少不會惡運連連；但若是一個人經常作惡，心術不正，用心不良，惡運當然不請自來，躲都躲不掉。

請反省一下，自己過去有沒有對人處事採取不好的態度，有沒有經常不經意地撒謊騙人，還自以爲無傷大雅？有沒有推卸責任，還自以爲事不關己？老做一些損人不利己的事情，所謂「若要人不知，除非己莫爲」，這些小奸小惡不但苦了別人，也會傷及自己的名譽。

如果一個原本行爲端正、光明磊落的人，經常與愛騙人、愛說謊的朋友往來，就算不被感染，從外人的眼光看來，也會有同流合污的感覺，除非有自信能讓那位以說謊爲職業的朋友浪子回頭，否則還是少接近爲妙，好的面相當然會給人好印象，但它絕不是好運、壞運的必然原因，命運是掌握在自己手裡的。

一個善良的人，當然吸引善良的朋友，行善的路徑有很多，捐寒衣助人、捐血救人、助養兒童都是行善的表現，多行善事，惡相也能變成好相，善良的朋友自然接近，好的事情自然能環繞身邊。

…………

莎士比亞：世界上還沒有一種方法，可以從一個人的臉上探察他的居心。

…………

相形不如論心，論心不如擇術。〈非相〉

要看一個人的相貌不如去研究他的思想，要研究他的思想不如去選擇正確的思考方式。

孔子有弟子三千人，有重要成就的約有七十二人，其中有一個性格特別的學生，名叫宰予，他能說善道，牙尖嘴伶，利口善辯。一開始，孔子對他的印象還挺不錯的，但日子一久，他漸漸地露出了狐狸尾巴，他脾氣急躁又十分懶惰，大白天不讀書學習，躺在床上睡大覺，爲此，孔子氣不過，便罵他「朽木不可雕」，宰予只好抓抓頭，趕緊讀書去了，雖然宰予一臉秀氣，不過他可是孔子最勞心勞力的學生呢！

孔子還有另一個弟子，叫子羽，和孔子一樣是魯國人，子羽的體態和相貌很不好看，當他來求教於孔子，想要侍奉孔子的時候，孔子認爲他的資質低下，恐怕不會成才，便要他回去；當子羽回鄉之後，就努力修身實踐，待人處事光明磊落，公正公平。

後來子羽遊歷到長江一帶，跟隨他的弟子就有三百人，聲譽頗高，許多諸侯國都傳頌他的名字，後來孔子聽說了這件事，便感慨地說：「我只憑著一個人的言辭來判斷這個人的人品資質能力高下，結果對宰予的判斷就錯了，後來，我只憑著人的外貌判斷這個人的人品質能力低下，結果對子羽的判斷還是又錯了。」

連至聖先師孔子都有判斷錯誤的時候，更何況凡夫俗子如我們，有句話說，要觀察一個人的好壞，要先「觀其眸子」，雖然可以作爲參考，但可不是每次都準的，觀察人的外貌、言辭、甚至眼神都有出錯，不如眞正去觀察這個人的行爲舉止、內心思想。

盧梭：爲了認識人，就必須從他們的行爲中去認識他們。

皆有可也，知愚同；所可異也，知愚分。

〈富國〉

每個人對事情都有各自主觀的看法，不管聰明或不聰明的人都一樣；但是彼此主觀的看法又會有所不同，這也是聰明和不聰明的差別。

唐代著名詩人杜甫，自小就聰敏好學，很小就有知識淵博的美名，青年時代，他滿懷著政治抱負，到長安考試，卻屢試不第。於是，他開始漫遊中國各地。杜甫在盛唐末期，逐漸接近人民的生活，對當時政治的黑暗腐敗，有深刻的認識。

當安祿山舉兵，攻陷長安，唐明皇倉皇逃往蜀地時，杜甫逃到了鳳翔，去面見肅宗，此時肅宗賜官左拾遺。在長安收復後，他跟隨肅宗回到首都，升任華州司功參軍，但不久，就棄官往南方到了成都築草堂，也就世稱的浣花草堂。杜甫晚年離開蜀地，前往長安擔任新的官職，卻不幸病死在湘江途中，也有人說他是過於飢餓而死的。

面對當時動亂的局勢、黑暗的社會、腐敗的政治，所有的人民，有著與杜甫相同痛苦、感慨；然而其他的文人、詩人依然只懷抱著「懷才不遇」的情結，卻看不到歷史的轉變，寫不出「朱門酒肉臭，路有餓死骨。」「國破山河在，城春草木深。」「君不見，青海頭，古來白骨無人收。新鬼煩冤舊鬼哭，天陰雨濕聲啾啾。」等詩句，只有杜甫看到了，做到了，這就是杜甫偉大的地方。

被稱爲「詩史」的杜甫，在詩歌上最大的貢獻，就在於揭露當時社會的矛盾現象，對於統治者對百姓所施予的罪惡，作了深刻的批判，也表現出對窮苦人民的同情心，他善於選擇具有意義的社會題材，反映出政治的腐敗，表達出人民的共同願望。

馬克吐溫：讓我們陷入困境的不是無知，而是看似正確的謬誤論斷。

事不揣長，不揳大，不權輕重，亦將志乎爾。〈非相〉

對於知識分子，不能只是看他的高矮、壯弱、輕重，而是要看他的志氣怎麼樣。

許多人都知道「晏子使楚」的故事。身高不足一百卌五公分的晏子，一生都活在別人的藐視之中，不過他卻以超高的智力與勇氣讓許多外強折服，在東周詭譎的局勢裡縱橫，讓那些曾經瞧不起他的人臣服。

齊國的晏子，經歷了三個國君，他遇過政變、貶謫、弒君等恐怖的政壇風暴，當他遇到接受他輔佐的景公，於是才一展長才，將齊國帶上繼齊桓公之後的第二盛世。

晏嬰的父親是齊國名將——晏弱，他壓下對於自己的孩子太矮小，無法繼承衣缽的遺憾，用教育引導晏嬰，培養出他獨特的浩然正氣，使這個身材矮小的男子，成爲齊國朝政中不可或缺的智囊，雖然用兵奇巧，其實晏嬰是個和平主義者，他對世道及政治態度，都是和平公正的，雖然晏弱與晏嬰父子倆文武殊途，卻同樣爲自己的國家貢獻了重要的力量。

晏弱在軍事上的慧黠，與晏嬰在政治上的敏銳，成爲齊國在政壇、軍事、君臣間一幕一幕可歌可泣、可吟可詠的故事。

尼采：一個志向高遠的人，不僅要超越他的行爲和判斷，甚至也要超越公正本身。

君子道其常，而小人計其功。

〈天論〉

君子專心致力於做應該做的事，而小人只會斤斤計較利弊得失。

選舉到了，很多候選人總是有一堆政見，在這麼多的候選人當中，怎麼樣才能投下那神聖的一票，實在是很讓人傷腦筋。我們總說要選賢與能，不過，怎麼好像當選後很多都不是這樣了？

難道是我們看走眼了嗎？嗯～沒錯，就是看走眼了，因爲我們總喜歡聽好話，因爲我們誰也不認識，只認識他們的學歷、經歷、年齡、性別、還有黨籍。當我們找工作時，老闆從這些資料來認定你是不是他們要的人；當我們找另一半時，多少還是先從介紹人那裡去看身高、體重、有沒有房子、車子、做什麼工作、每個月賺多少錢？我們只能從很表面的東西去看一個人，選舉的時候更是，有時候我們連這些也不看，只看誰送的東西好，誰買票的錢比較多。

我們心目中總會有一些理想的形象，但當我們遇到這些外在的誘惑時總免不了還是會被利誘，於是候選人亂開選舉支票，只要大家聽得高興就好，因爲選民不會在候選人當選後去追究他開了什麼支票，反正大家都一樣，錢拿了，流水席吃了，酒足飯飽就樂天知命了？

或者該是我們想一想的時候了；羊毛出在羊身上，候選人花了錢難道會不想辦法拿回來嗎？天下沒有白吃的午餐！該怎麼讓神聖的一票投給眞正想要做事的人，而不讓這些人因此被埋沒，這才是眞正的選舉——選賢與能。

…………

雪萊：精明的人是精細考慮他自己利益的人；智慧的人是精細考慮他人利益的人。

…………

物之已至者，人祆則可畏也。〈天論〉

在已經發生的事情中，人為的禍害是最可怕的。

台灣有九二一大地震，美國有九一一恐怖事件。當電視的畫面一再的重播這些讓人驚心動魄的畫面時，你的心裡在想些什麼？

天災是人不可避免的，所以在發生時，我們只能用最安全的方式讓損害減到最低，剩下的也只能聽天由命。但是相信大家看著兩台飛機自殺式攻擊美國的雙子星大廈時，除了讓人非常震驚之外，眞是讓人不寒而慄。爲什麼會這樣？爲什麼會這樣？

仇恨不能解決仇恨，只能帶來更多的仇恨。於是有了全世界都認識的恐怖分子——賓拉登，整個西方社會同聲譴責恐怖分子的行爲時，但我們似乎也看到他受到阿富汗的庇護，全世界都把他當恐怖分子，但阿富汗的人民當他是英雄。中國的歷史更迭，每個朝代總會面臨官逼民反的問題。任何人在長期受到壓迫與不平等待遇的情況下，總有一天會像壓力鍋一樣爆開來。

復仇是每個人面對仇恨時最直接的反應，在心理上我們是可以諒解的，但每個人也都應該有生命免於恐懼的自由。如果只是以其人之道還至其人之身，那心態無疑的就是跟迫害到人身生命的人是一樣的，如果每個人都能尊重生命的自由，又哪來這些永恆難解的人禍呢？

…………

西塞羅：人類既是最大的相互幫助之源，也是最大的相互殘殺之源。

…………

卷三

成功從這裡開始

事情的發生，一定有原因；
毀譽的評價，一定跟品德有關。

物類之起，必有所始；榮辱之來，必象其德。〈勸學〉

事情的發生，一定有原因；毀譽的評價，一定跟品德有關。

所有關於歷史的考試，總不免會遇到這樣的考題：試申論××之役的成因。已經身經百試訓練有素的考生們，當下就先來個遠因跟近因。總之，就是事出必有因，總不會有天上掉下來的事發生，即使是天下掉下來的，那也還有黑盒子可以解謎。找不到黑盒子，充其量只能說是解不出謎，但答案可還是在的。

事情的發生，在抽絲剝繭後，回到最根源的地方，往往是如芝麻綠豆般的小事。點、線、面這三個字，大家都能連連看，但就是兜不在一塊兒去想。事情的發生，我們往往忙著怪罪、忙著發脾氣、忙著自怨自艾、忙著收拾殘局，誰有閒功夫去想發生的原因呢？等事情過去了，想忘掉都來不及了，只會慶幸自己又蒙混過關，哪還敢舊事重提呢？

荀子的論說能力實在了得，總是能從客觀的比喻出發，回到主觀的人身上，強調出他眞正要說的是什麼。事出有因，那麼人所遭受到的汙名或讚譽也一定有原因，這個原因跟人的品德就有關了。品德的好壞才是荀子眞正要說的重點。

這個時代似乎是笑貧不笑娼，逛街時櫃檯小姐看的是你的全身行頭可不是品德。物質或許可以讓人看起來光鮮亮麗，地位高尙，雖然大家都在說要有內在美不要外在美，但有幾個人是眞正看內在的呢？雖然現實如此殘酷，但也有這麼一句話：「人死留名，虎死留皮。」留名靠品德，留皮靠名牌，要留名還是要留皮，全看你自己，要當人還是要當虎也是全看你自己。

…………

狄更斯：如果你不能順著直道正路做到不平凡，可千萬別爲了要不平凡而去走邪門歪道。

…………

人之所以為人者，何已也？曰：以其有辨也。〈非相〉

人之所以是人，這是由於什麼呢？是因爲有分別的能力。

不知是傳聞或眞實，一個繪聲繪影的事件四處流傳，聽說有人在廣東喝過嬰兒湯，他們用五六個月大的嬰兒燉的湯，也有關於嬰兒湯的報導在網路流傳。

二十一世紀居然還是個吃人肉的蠻荒時代，目前的中國也沒饑荒到同類相食，這些吃嬰兒的人居然沒有絲毫的不安，但丁在《神曲・地獄篇》裡以最驚心怵目的文字所描述的情景，也不過如此吧！那些喪盡天良的食嬰者和那些爲了生男嬰而把女嬰賣給別人作杯中羹的父母親，將來會在地獄的那個角落與自己的孩子相見呢？

也許這樣的內容是編造的，網路上流傳的照片是電腦合成的，但中國食文化的殘酷舉世皆知，在中國，似乎沒什麼是不能吃的，爲了滿足人的口腹之欲，吃斷大自然中的生物鏈也在所不惜，爲了擺闊，奢侈浪費、暴殄天物也沒什麼了不起，熊掌、魚刺，甚至獅子、老虎，甚至人類近親，通通敢吃。

廣州盛行的吃猴腦方式，久有盛名，其他的恐怖食物也時有所聞，那麼以人類爲食物也不是不能逾越的界線了。

在二十四孝中也有爲母烹兒的情節，如此堂而皇之的食人文化眞是恐怖至極，這種畸形的道德，貧弱的人性，是最文明的恐怖主義，這類事件不僅考驗著人類的精神忍耐力，甚至嘲弄著人類應有的判斷力，我們對於人類的肯定，似乎在此處正被擊潰。

…………

亞里士多德：人的功能，絕不僅是生命，因爲甚至植物也有生命。

…………

明於天人之分，則可謂至人矣。〈天論〉

能清楚明白的了解到天跟人的區別，就可以算是一個眞正的人了。

天與人的關係是先秦時代，諸子們競相爭論的主頭之一，孔孟學派曾提出物我不分、天人不二的觀點，不過，同屬儒家的荀子則提出天人之分。

荀子認爲要在物與我間、天與人間劃出一條界限，爲什麼要區分物我、天人呢？因爲若將天看成是一個存在於人、社會之外的客觀現象，才能爲天作出一個完整的定位。荀子所說的天人關係，首要任務便是「天人之分」的分，先「分」，之後才能談到「和」、「合」、「參」。

荀子曾說：「列星隨旋，日月遞炤，四時代御，陰陽大化，風雨博施，萬物各得其和以生，各得其養以成，不見其事而見其功，夫是之謂神。皆知其所以成，莫知其無形，夫是之謂天。」認爲天是是客觀存在的，是自然的一部份，他將一直被人類當成神來崇拜的天，歸類成依照規律不斷運動變化的自然。

荀子認爲自然界中的怪異現象是天地運行中偶然發生的，沒什麼可奇怪的，所以，他反對用祭祀求雨，反對卜筮決策，天有自己的職務，人也有自己的本份，把人類的未來寄託在天的身上，是盲目之舉。

荀子的天人觀點可以說是一種唯物主義的解說，他在破除迷信與提升人類自信方面，作出很多的貢獻。

王爾德：老年人相信每一件事，中年人懷疑每一件事，青年人什麼都懂。

德操然後能定，能定然後能應。能定能應，夫是之謂成人。〈勸學〉

有好的品德才能使我們堅定，能堅定才能順應情勢的變化。能堅定又能順應情勢的變化，就是一個完善的人。

什麼是好的品德與操守？

國小的時候，每學年總會發一本《學生手冊》，裡面記錄的是上下學期自己德、智、體、群、美各類的成績。通常德育的分數都可以拉高總平均，因爲德育的評分標準不外乎出勤數、衛生檢查有幾個點、座號被風紀股長記在黑板上幾次？加加減減，只要你每天上課都不遲到、沒有因爲講話被記在黑板上、作業按時交、午睡時乖乖睡、記得帶手帕衛生紙，一個蓋上「優」的德育成績就這麼垂手可得。

好的品德有什麼難的，這麼想沒錯，如果你還是小學生的話。不過，在大人的世界裡，這些充其量只能說是習慣好。荀子說的品德是那種不被權力所屈服、不會因爲別人而改變、天底下再沒有什麼可以動搖你的意志，活著的時候是這樣，即使到死也不會改變，這樣才算是好的品德跟操守。

這個社會裡似是而非的事層出不窮，而我們是不是也要跟著這樣作呢？靠的就是個人的智慧。不是曾經有一句被消音的廣告是這樣說的：「只要我喜歡有什麼不可以。」當一切的行為被合理化成個人的自由時，那其實只是另一種形式的開脫。道德的包袱太沉重、社會的壓力太絕對、世界的改變太快速，這些都不會是違反自己的意志去做的原因，「謀定而後動」是智慧，但決定的關鍵因素卻是品德。

焦爾孰：「睿智」洞悉下一步該做的事，「美德」立刻做下一步該做的事。

身勞而心安，為之；利少而義多，為之。

〈修身〉

身體勞累但能心安理得的事就去做，利益很少但很有道義的事也要去做。

現在的人看到這句話，一定會說：「有沒有搞錯，這是在講卡通嗎？」尤其在新一代所謂的七八年級身上，簡直就是不可能的事。難怪五年級生要開始提早懷舊，因爲現在的五年級生面對的正是眞的只要我喜歡有什麼不可以的七八年級，除了沒有辦法再用想當年我們是怎麼努力打拚才有今天的老鳥論調來壓制新入職場的七八年級菜鳥外，面對新菜鳥有多少錢做多少事或是希望工作就是錢多事少離家近的論調，也只能感嘆：「時代眞的不一樣了。」

台灣的經濟眞的有那麼不景氣嗎？失業率眞的有這麼高嗎？記得以前上統計學的時候，老師總說數字是會騙人的。數字讓我們看到的通常只是表象，就像年齡一樣，一個人的年齡不代表他的成熟度，很有可能已經四五十歲的人了，還是像小孩子一樣的不成熟，看人得看他的心智年齡才是，但那得需要時間去了解。

嗯，我們要說的是失業率的問題。隨著畢業季節的來到，大量的畢業生出籠，但工作的需求量在小島上有一定的量，所以這是目前我們失業率升高的原因之一。但另一個原因就更讓人擔憂了，就是志願性的失業提高了。

失業有分志願性跟非志願性。非志願性就是眞的景氣太不好，被裁員了，所以是非志願的失業。但志願性的呢，就是沒有達到心理預期的工作條件，寧可不工作。曾經遇過雇主很不解的問說：「都說失業率高，那爲什麼我都還找不到人來工作。」如果再仔細問一下，通常都是人來了沒幾天就說不做了，嫌工作太辛苦、嫌薪水太少、嫌離家太遠，如果荀子生在現代，可能眞要感嘆「哎！時代眞的不同了。」不過，想想，當年的陶淵明「不爲五斗米折腰」好像就是第一個志願性失業者。

…………

雨果：做一個聖人，那是特殊情形；做一個正直的人，那卻是爲人的正軌。

…………

志意修則驕富貴，道義重則輕王公，內省而外物輕矣。〈修身〉

有好的志向就能不受富貴誘惑，以道義為重就能不受權勢壓迫，注重自己自身的修養品德，就能減輕外物的引誘。

不知道你有沒有打坐的經驗，如果你沒有，那試試看觀看一下自己的念頭。當你靜下心來看自己的時候，你會發覺你的念頭像是雪片般飛來，快速流轉得像看電影一樣，一個念頭接著一個念頭前仆後繼，而這些念頭從哪裡起的，依照佛教的說法，都從心來的。

金剛經裡頭有一段是這麼說的：「心是身主，身是心用，所以者何？佛由心成，道由心學，德由心積，功由心修，福由心作，禍由心為！心能作天堂，心能作地獄，心能作佛，心能作眾生。是故心正成佛，心邪成魔。」

人心是善變的，但心跟夢不太一樣。如果你晚上作夢，實在很難說會作好夢還是惡夢，不過聽說夢可以孵的，睡覺前觀想好的夢就會夢出好夢。不過當然不是那麼容易的事。我們的心原來就是善變的，如果還要面對那麼多的引誘，很難不跟著跑，隨心所欲了。

隨心所欲也並不見得不好，畢竟佛教也說：「人身難得。」連孔子說：「七十而從心所欲不逾矩。」但怎麼樣能從心所欲又不逾矩，那才是眞正的學問。荀子告訴了我們就是要有好的志向、要重道義、要修養品德，在這個充滿了選擇跟誘惑的年代，如果你任由別人拉著你跑，那永遠有追不完的欲望，只有心定了，才可以眞正八風吹不動。

亞里士多德：道德是一種在行爲中造成正確選擇的習慣，並且，這種選擇乃是一種合理的欲望。

宜於時通，利以處窮，禮信是也。〈修身〉

只有依據禮、堅守信，才能同時適用在順境和逆境裡。

荀子的性惡其實只是個幌子，他只是要藉著性惡來告訴大家禮的重要。因爲性惡是人性的基礎，道德是後天的培養，所以更需要用禮來規範行爲、教化人心，只要一切依禮而行，就能有「禮」走遍天下；一切不依禮而行，就是無「禮」寸步難行。

人的心總是在方寸之間拿捏。在順境時，會因爲太過得意而忘形；在逆境時，會因爲太過失意而墮落，很多的行爲就是在這一念之間造成的，而這一念之間的決定卻往往影響一輩子。是什麼樣的意念造成的決定，是鬼迷心竅還是根本就是自己把持不住。

暢銷全球的《哈利波特》第一集裡有一面意若思鏡，那不是一般的鏡子，是會照出你心裡最渴望的事。從小就父母雙亡的哈利波特站在鏡子前，不可思議的照出的竟是他的父母和他在一起，而他的朋友容恩照出的卻是成爲魁地奇球隊的隊長。只有自己站在鏡子前面時可以照出自己內心最脆弱但卻是最渴望的事，即使是別人同時站在鏡子前，也看不到你自己所看到的。很多人曾經因爲沉迷於鏡子前的幻象，而變得脆弱甚至瘋了，但是對於幸福快樂眞正滿足的人而言，它就只是一面普通的鏡子。

人總是不斷不斷地充滿了欲望，這個欲望剛滿足了，馬上又出現了下一個欲望。不論是在順境或是逆境裡，都是這樣的，欲望隨時隨地的在誘惑著我們，但能讓我們在欲望裡成爲一個眞正幸福快樂的人的，就是禮跟信。

…………

法朗士：人類還不夠完美，還不能以美德的名義賞罰分明。生活的法則應該是心靈的任命與仁慈。

…………

心容，其擇也無禁，必自見，其物也雜博，其情之至也不貳。〈解蔽〉

心的狀態應該是這樣的：它對於是非的選擇完全不受限制而是自主的表現；它知道的事物雖然很廣博，但是當它專心一致的時候就不會被左右。

我的性格其實是很優柔寡斷的，好像怎麼樣都行，又好像怎麼樣都不太妥當，任何事情來了，總會在心裡架個天平，這邊秤秤，那邊量量，這邊重了點，那邊輕了點，這邊拿掉一些，那邊多放一些，好不容易兩邊都平衡了，完了，這下該選哪一邊？

人的心其實是最自由卻又最受限的。自由是因爲我們都知道自己的感覺是什麼，心往哪裡去，感覺或許可以從嘴巴裡面說出騙騙人，但只有自己知道眞正的感覺是什麼，騙不了自己。但是不是什麼事都能完全的跟著心走，跟著感覺走？或許你會覺得有什麼不可以，人要爲自己活。但眞是這樣嗎？我們眞的能自私的只爲自己活，不顧慮別人的想法嗎？可以的，只要你承擔得起責任，沒有什麼不行。但有些遺憾在心裡不是承擔的問題，而是一輩子的問題。

當我們隨著年齡的增長、心智的成熟，漸漸的知道生命不是只有自己的，總得有一些責任是我們必須去面對的事，然後，我們才會眞正的擔負起責任。那時候，你會很清楚的知道，什麼事該作，什麼事是你有權利但不能去做的事，然後當誘惑來時，你不會動搖，當選擇來時，你會更加堅定。

…………

蘇霍姆林斯基：人只有依靠思想才能獲得自己的個性，也才具有創造性，才能成爲能爲某種事業獻身奮鬥的眞正戰士。

…………

凡治氣、養心之術，莫徑由禮，莫要得師，莫神一好。〈修身〉

要改變一個人的性情、涵養他的心性，最直接的途徑就是按照禮去做，最關鍵的是有良師指導，讓他的喜好專一，不龐雜。

每個人心裡或多或少都有一些崇拜的偶象。有人迷戀作家，像暢銷排行榜的常客九把刀、侯文詠、藤井樹、蝴蝶；有人迷戀運動員，像足球明星貝克漢；有人迷戀明星，像是台灣的五月天或是日韓的偶像團體；也有人迷戀宗教家，如慈濟的證嚴法師、佛光山的星雲大師等等；或者還有人迷戀卡通人物，像是櫻桃小丸子、小叮噹、史努比。

不知道你有沒有想過，爲什麼這些人物能成爲你的偶像呢？是因爲身材好？長得帥？歌聲好聽？還是因爲他說的話、寫的書能深得你心呢？還是他擁有某些特殊的能力，讓你望塵莫及，所以讓你成爲頭號超級粉絲。但不管是什麼原因，在你心裡一定有一個原因，不過如果只是因爲帥或身材好，很快的就又會被新的替代了。

記得以前教授說過，如果他崇拜一個人要把他當偶像，就要跟著他一起生活，要看他的行住坐臥，在行住坐臥間，一個人如果還是你原來想的那樣，才是眞正値得崇拜的。所謂經師易得，人師難得。人的性情是需要透過潛移默化才能改變的，就像我們說的家庭教育一樣，言教不如身教，那才是最直接最有效改變一個人性情的方法。

儒貝爾：教育並不僅僅用於妝點記憶力和啓發理解力，它的主要職責應該是引導意志力。

君子居必擇鄉，遊必就士，所以防邪僻而近中正也。〈勸學〉

居住的環境一定要愼重選擇，交往的對象要衡量他的品性，這樣才能避免受到不良的影響而行爲端正。

孟母三遷的故事，相信大家是熟得不能再熟了，我想這大概也是荀子唯一認同他的死對頭孟子的地方。

以前聽到外國人說如果自家門內的庭院沒有除草，是會被鄰居檢舉的，覺得外國人怎麼那麼沒人情味，但仔細想想，環境的整潔其實跟人情味沒什麼大關係，跟公德心跟素養才大有關係是吧！相由心生，那麼屋由人住，當然表現出來的也是屋主的品味跟水準，以前大家住的都是獨棟房子，受影響的程度還不那麼大，現在住公寓的人多了，互相影響的層面更大，從家門口的鞋子擺放、佔用樓梯、亂丟垃圾、養小狗、敲敲打打的擾人清夢，居住的環境還眞是不能不愼重選擇。

其實不管是選擇住的環境或是選擇交往的朋友，都是入鮑魚之肆久而不聞其臭。國中的時候，學校實行分班制度，經過智力測驗後，我被分到了所謂的放牛班。剛開始聽同學說髒話，覺得很不適應，但過沒多久，發現自己也琅琅上口，雖然不至於出口就成髒，但也是使用得毫無阻礙，完全沒有一開始的不適應。

人適應環境的能力就是這麼強，強到連自己都不自覺，因爲跟自己相處得如此熟悉，以致於很難發現自己的改變，通常我們都是從身邊好久不見的朋友驚奇的眼光中才知道原來自己變了，變得好或變得不好，那就得看自己是不是有衡量的標準。很多事很多人其實我們都有選擇的權利，但往往我們都有不選擇的藉口，爲了防止自己造成不選擇的後果，還是要睜大眼看清楚才是。

切斯特菲爾德：每個人都或多或少受到平常和他交談的那些人的影響。

君子之求利也略，其遠害也早，其避辱也懼，其行道理也勇。〈修身〉

君子不斤斤計較利益，就能早早的避開災害，也能很警惕的避開侮辱，對於合乎道理的事卻能很勇於去做。

大學裡頭講：「誠意、正心、修身、齊家、治國、平天下，意誠而後心正，心正而後身修，身修而後家齊，家齊而後國治，國治而後天下平。」這章講的是修身，所以荀子談的便是誠意跟正心。

雖然我們沒蓋過房子，但總也知道蓋房子之前得先花很多的時間打地基。地基是決定房子穩不穩固的重要關鍵，而且也是蓋房子前需得花最多力氣的地方。常常我們看一座工地圍了起來，怎麼總是挖同一塊地方，日子一久你不特別注意，房子怎麼就突然蓋好了。挖地基是最費力的地方，也是看起來最沒有成效的地方，而且往往挖地基是最容易出現工地意外的時候。所以說挖地基是蓋房子成敗的關鍵之一，而誠意與正心便是君子的關鍵基礎。

雖然荀子揭露了人性惡的道理，但是他更強調的是後天教育的重要，這也是荀子最主要的中心思想——教育。

禍福的選擇往往是一念之間，地基穩了，即使是什麼天災，也還是能穩固，讓自己仍然屹立不搖。

…………

居里夫人：人類需要夢想者，這種人醉心於一種事業的大公無私的發展，因而不會注意自身的物質利益。

…………

君子行不貴苟難，說不貴苟察，名不貴苟傳，唯其當之為貴。〈不苟〉

君子的行為，不會把不合禮義的難事當成可貴，不會把不明察的學說當成可貴，不會把不合禮義而流傳的名聲當成可貴，只會把符合禮義的言行當成可貴。

在佛家的修持歷程中，在得道之前，我們稱為凡，也就是凡人，平凡人，而得道之後，我們稱為聖，在聖的這一邊，也許可以再分為聖與賢，而凡人則有內凡與外凡的分別。

儒家講究的是成德，所謂的成德也有與此類似的分法，成德的人也叫聖賢，但平凡人不叫內凡、外凡，他們被稱為君子與小人。

一般人對小人總有卑鄙陰險、巧言令色的感覺，其實小人即是凡夫，他們處於尚未自覺、不求通達的狀態中，也就是說，眞小人是指知道自己是沒有下工夫、沒有修養的平常人；而君子，也是凡人，但他們已經有自覺，要向聖賢看齊，要往道德的路上前去。

而所謂僞君子的「僞」有兩種意思，一是「假」，是貶詞；一是「人為」，努力改善之意，是褒揚，所以已經有涵養、有思想的是眞君子，而尚待修養，需要努力的是僞君子。

…………

德謨克利特：有很多人，雖然做了最可恥的事，卻毫不在乎地說著最漂亮的話。

…………

仁者必敬人。〈臣道〉

有仁德的人一定懂得尊敬人。

有一回，證嚴法師說了一個關於尊敬的故事。

她說有群低年級的小學生正在玩遊戲，中年級的小朋友走過來問他們：「你幾年級啊？」其中一個小朋友說：「我一年級。」這個中年級的學生說：「你一年級，我三年級，你看到我，怎麼不會尊敬我？」這個小朋友說：「我比你小，爲什麼你不懂得愛護我？」

一個小朋友忙著爭愛護，另一個小學生忙著爭尊敬，不到十歲的他們，似乎已懂世界上的爭來奪去了。證嚴法師說：「如果老師們多用心輔導他們，愛沒有錯，人生需要有愛啊！尊敬沒有錯，人生也需要有尊敬啊！然而，尊敬別人是美德，但是要去爭取人來尊敬自己，那就是損德了。所以，若能立場互換：大的看到小的，很自然地說：『我要愛你。』小的看到大的，很自然地說：『我要尊重你。』而不是向對方討愛討尊敬，那是多麼美啊！」

…………

汎茵：使黑人脫去黑色皮膚最好的方法，是先給白人一顆白色的心。

…………

天不為人之惡寒也，輟冬；地不為人之惡遼遠也，輟廣；君子不為小人之匈匈也，輟行。〈天論〉

天不會因爲人討厭寒冷，就停止冬天；地也不會因爲人嫌地太遼闊，就縮小範圍；君子也不會因爲小人的反對叫囂，就同流合污。

在文學作品中，最常提到的花類就是荷花，荷花多生在亞洲地區，例如中國、越南、印度這些國家，在池塘湖畔經常可以見到。荷花的花瓣多呈現白色、粉紅色，也有黃色的，而荷葉大多呈現圓形，不過在水墨畫中經常把它畫成黑色。根即是藕，約呈現白色，每根約有數節，荷籽就是蓮蓬，皮被剝下的蓮子米可以食用，蓮芯的味道較苦，有清心明目之效，許多人拿來入中藥。

我們所說的荷花與菩薩座下的蓮花其實是不同的，怎麼說呢？蓮花的形狀與荷花相似，但它並不是一種實體，而是佛家得道的象徵，蓮花是佛教世界所生出的花，它代表的是佛的聖德，而荷花則是聖潔的，出淤泥而不染的象徵。

荷花不但純淨、美麗、具香氣，可以食用，它最令人們愛戴的地方，便是那「出淤泥而不染」的崇高品格，使它成爲在梅、蘭、竹、菊之外，最受文人喜愛的畫中角色。爲了突顯不願與小人「同流合污」的情操，文人常以荷花來象徵自己的人品，因爲中國古代的文人認爲，君子本身必須是一種讓人景仰的典範，他們不會屈服特權階級、不會逃避混亂的社會、更不會與小人爲伍。

…………

柯克：爲孩子們蓋教堂，勝於爲成人蓋監獄及絞首台。

…………

權不正，則禍託於欲，而人以為福。

衡量行爲的準則如果不正確，那災禍就潛伏在欲望裡，而人還以爲那是幸福。〈正名〉

新世代有很多新的觀念是一些舊世代無法理解的，尤其是從日本傳過來的「援助交際」。所謂的「援助交際」現在都發生在一般高中或大學的在學學生，她們爲了買名牌或者其他的物質享受，在網路上或是在街頭公開的以身體爲價碼來換取名牌或金錢。

現在是新世代了，未婚同居、一夜情、援助交際、婚外情都已經是一個普遍的情形，雖然我們不必像衛道人士那樣道學式的大嘆世風日下，道德淪喪，但我們是不是也得想想這些是自己眞的想要的嗎？生命是個人的沒錯，今世也就那麼一遭，決定要怎麼過當然得由自己來決定，因此自己的價值也由自己的行爲來決定。

日劇「神啊！請多給我一點時間」由偶像金城武跟深田恭子合演，故事就是在講一個高中女生眞生因爲想要去看偶像啓吾的個人演唱會，所以她就去援助交際，跟偶像展開了戀情之後，卻發現她因爲那一次的援助交際而變成愛滋病帶原者，兩個人的戀情於是面臨了重重的考驗。

故事的結局最後當然還是男主角願意不顧一切的愛女主角，但是，那畢竟是日本的偶像劇，真實的人生裡，是不是每個人也都能像女主角那麼幸福，得到愛的包容與諒解，這就不得而知了。

…………

莎士比亞：世上無福也無禍，全在於自己怎麼想。

…………

仁義德行，常安之術也，然而未必不危也。〈榮辱〉

仁義道德的品性，是常保平安的方法，但也未必就表示不會有什麼危險。

戰國時楚考烈王無子，當時的名公子春申君很爲楚王擔憂，於是派人四處找尋能生兒子的美女，送進宮裡獻給楚王，但過了很久還是沒有消息。

當時趙國有位名叫李園的人，希望將自己的妹妹送進宮中，獻給楚王，他調查出楚王是因爲生病才不能生育，他唯恐自己的妹妹將來會得不到楚王的寵愛，便施以巧計，先想辦法把妹妹送給春申君做姬妾，等到妹妹懷孕了，他就說了許多謊話欺騙春申君，讓他將自己的妹妹轉獻給楚王。

後來，李園被送進宮中的妹妹，果然生了兒子，做了皇后，李園也因此受到重用，但是他唯恐數年前的祕密會被春申君洩露出來，便設計想要暗中謀殺春申君。

有一回，春申君的朋友朱英對他透露：「兄弟啊！你恐怕會有無妄之災呀！」春申君感到莫名其妙，一頭霧水，要朱英說個明白。朱英對他說：「李園將來是楚王的母舅，他並不是武將，卻在府中養了死士，是要殺誰呢？任誰都知道他想等老楚王死後，獨攬政權，到那個時候，他一定會殺你滅口。」後來考烈王過世，春申君果然被李園給殺了，甚至誅滅全家。雖說春申君是戰國時有名的公子，但名聲顯赫的他，恐怕也料想不到自己會有這樣的災難吧！

…………

華盛頓：我們的污點雖然能夠遮蔽於一時，但遲早會顯露出來；當每個污點進入我們的心坎，便在我們的品格上，留下一個深刻的痕跡，我們一生也揩抹不掉。

…………

聖人者，人之所積而致也。〈性惡〉

我們覺得的聖人，是從普通人不斷積累德行而達到的。

雖然有天生麗質這種事，尤其是當你日日夜夜被身體裡的一斤兩斤肥肉弄得寢食難安時，就份外的妒恨那些張著無辜雙眼說「哎~我就是吃不胖啊！」的那種人，除了感嘆自己不是生在唐朝之外，可能就只能乾瞪眼了。不過即使是每天只睡一個小時的美女明星，也得向全國民眾昭告雖然我麗質天生，但還是得靠化妝品才能擁有「你可以再近一點」的能力。所以即使天生麗質，但要美麗可也絕對不是輕而易舉的事。

「好男人是壞女人培養出來的。」那個曾經傷害你、害你傷心欲絕、對你無情無義，宣稱結婚便成仁的壞男人，怎麼多年後你看到他，手上不但提了大包小包，前面還背個娃兒，旁邊的老婆兩手空空，雖然沒你漂亮，但卻打扮得時髦亮眼算得上中等美女。那個死不結婚的壞男人，怎麼現在竟然換了一個人，真的是他沒看錯嗎？你趕快揉了揉眼睛，再一次睜大了眼睛看，真的是他呀！怎麼一個人竟然可以變化得如此之大。

常常我們都相信人不能被改變，江山易改本性難移嘛！雖然本性很難被改變，但人的觀念可以改變，態度可以改變，處理事情的方法可以改變，因爲經驗的歷練而學習到的成熟智慧可以改變。但要改變人，不是「馬上」就能改變的，得去上哈利波特的魔法學校，好好的跟著教黑魔法的石內卜老師學會黑魔法，用神不知鬼不覺的方式，改變人於無形，這才是眞正能改變人的魔法。

…………

愛因斯坦：不要爲成功而努力，要爲做一個有價值的人而努力。

…………

卷四

失敗從這裡結束

善於選擇的人就不會受制於人。

凡人之患，偏傷之也。〈不苟〉

人最大的禍患往往是因爲片面而造成的傷害。

一個人從小到大，從青年到老年，總在庸碌繁忙中走過，如此忙碌的生活到底是爲了追求什麼？人類生活的意義到底是什麼？從古至今，許多人問過這個問題，也有許多人給予各種答案，有人說「人生如夢」、「人生如戲」，有人說「生命是爲了延續，我們無可選擇地必須傳承下去。」人生眞的是這樣子的嗎？有沒有更能讓人信服的答案呢？

現代的知識份子，很難承認人在生前死後有任何存在，也不相信生命永恆的說法，因爲這些在科學上毫無根據。所謂的現代，是五四以來西化的結果，許多人放棄固有的文化傳統，僅會模仿所謂先進其他文明，也只是重視實用的部份，完全忽略了先進文明背後所倚靠的文化精神、文化本質，只能所學到一些皮毛，不但得不到別人長處，連自己原有的優點都失去了。

倘若我們能理解生的本質，探尋生存的眞理，解讀生命意義，就能夠擁有長遠視野，看透時空的本質，我們所得到的人生觀與現在半生不熟的概念絕對不同。

如果人類生命能一直延續下去，那麼我們到底在追求什麼呢?許多聖賢都曾經探尋生命的道理，他們譜出的眞義是，「世界上的所有生命皆追求靈性成長」，無論是動物或植物。當人類不斷追尋自我成長的同時，其他生物也在追求他們自己的成長，生物的靈性正不停地尋求更大的智慧與活力，所有生物都在地球這個大園地裡追求屬於自己的歷練，在人類一心一意追求自己所謂進步文明的同時，看看周遭，自己不過是整個宇宙的沙而已，並不偉大。

…………

沃維納格：最容易犯錯誤的，是那些僅根據自己的想法就去行動的人。

…………

掛於患而欲謹，則無益矣。〈榮辱〉

遭到了禍患才想到應該要謹慎，這時已經沒什麼幫助了。

近年來許多大學紛紛成立，每個學校都有屬於自己的精神，其中有一個大學校長是這樣鼓勵學生的，他認爲自己的大學最重視「覺之教育」。

但什麼是覺呢？一種是知覺，也就是官能的感覺，動物的感覺；還有一種是人類才有的，是理智、理性，能檢討反省，辨別是非的覺，就像曾子說的：「吾日三省吾身，與人謀而不忠乎？與朋友交而不信乎？傳不習乎？」指的就是這種人類之覺，當一位學習的人能夠擁有自覺自制的能力，凡事都能三思而後行，不隨便衝動行事，便是有了自己的覺。

這種「覺」，是覺悟、覺知、覺察、覺醒，有覺才有智慧；而讓自己產生覺的途徑，便是虛心學習，因爲學習是求知識的不二法門，有知識還不足，要審思明辨，消化吸收，讓知識成爲自己的一部份，把它靈活運用，就能產生覺，產生智慧。

…………

莎士比亞：凡事三思而行；跑得太快是會滑倒的。

…………

以近知遠，以一知萬，以微知明。〈非相〉

從現在的事可以知道以前的事，從一件事的道理可以去推得所有的道理，從小地方可以去發現更廣大的世界。

一個男孩與朋友們討論著一個苦惱的問題：「幾天前去接一位小姐，我坐在車上，發現她沒馬上上車，並用奇怪的眼光看我，這是爲什麼？」

其中一位朋友說：「因爲你沒有下車去幫她開車門，所以她覺得你沒有禮貌。」男孩反駁說：「這樣是不是有點故意做些表面工作去討好女生，而不是出自內心眞實？」

在座的另一位朋友則插話說道：「我們在觀察別人時，也是靠著對方的舉動、言語，來構築對他的認識，而外在也是內心的表現。」

許多人做事情，都太注重結果，但人際關係是過程居重的，比如男生覺得送花太不實際，沒必要，但女生卻認爲收到花是被關心、被喜愛的感覺；另一方面，美國女性主義者葛瑞爾認爲，女人有自己完整的人格，本來也可以主動，但受制於社會文化，把女人變成被動的動物，開車門是主動，女人自己有手有腳，卻在心理上還期待有個紳士來服務，這種心態就是社會文化的影響，小小的開車，可有大大的學問。

…………

霍布斯：積累的經驗多了就會慎慮，就像積累的學識多了就會博學一樣。

…………

大巧在所不為，大智在所不慮。

最巧妙的是不去做不該做的，眞正的智慧是不去想不該想的。〈天論〉

有許多人會對生活感到不安和不滿，他們經常想，生命的意義是甚麼？自己的將來會怎樣呢？在生活中面對風雨挫折，是所羅門在試驗我們的信心嗎？生活中的挫折正激勵我們，要探求人生中的眞理與意義，如果我們能像所羅門一樣徹底檢視自己的一生，便會發現生活中苦痛與挫折正要求我們再度思考人生方向，就像是所羅門在傳道書中所做的一切。

凡是自以為有智慧的人，其實無法明白所有的事情，就算人瞭解自己，但在我們生命中仍存在著許多不能解答的問題，我們因此而困惑、因此混亂，當所羅門敘述自己的人生時，發現眞正的智慧，是神教導他不去做不該做的，不去追求不該求的欲望。

當我們對世界知道得愈多，就愈容易感到痛苦，當我們努力探尋人生意義時，就會發現更多的不安、感慨、傷痛，一個有智慧的人與一個聰明的人不同處在於，懂得取捨。

在傳道書中，所羅門提出兩種智慧，一種是從知識、思考而來的智慧，另一種是從神而來的智慧，他認爲當人有智慧而無神時，生命便充滿難題，因爲人不能掌握永恆，便無法解開生命中的種種難題，知識只是路徑，而神引導的光，才是智慧之門。

…………

何邁茲：我們處於什麼方向不要緊，要緊的是我們正朝什麼方向移動。

…………

通者常制人，窮進常制於人，是榮辱之大分也。〈榮辱〉

通達的人常能制服別人，窘困的人常被制服，這是榮跟辱最大的分別。

有句俗話說：「女為悅己者容。」女人把自己打扮漂亮，是為了讓男人喜歡，但只有一張漂亮臉蛋是不夠的，真正可愛的女人也是充滿自信的，現在的社會，處處競爭，那些嬌柔無助的女人已漸漸失寵，男人不再是女人的天，女人也已不是男人的附屬品，現代女性必須學會作自己，作美麗而完善的自己，一天到晚企盼男人給你幸福是不安全、不可靠的；現代男人必須懂得欣賞樂觀自信的女人，世界上自強自立的女人太多了，她們讓男人背負的精神壓力較傳統少且小，讓男人也擁有追求夢想的權力，而不僅僅是搖錢樹。

現代女性更必須是高貴的，高貴並不是出身豪門、地位顯赫，而是心靈上的高貴，現代女性要做到不猥瑣、不媚俗、不盲從、不虛華，正正直直地做自己。

大部份的男人都喜歡女人的溫柔，因為溫柔能溫暖心靈。但若是沒原則的溫柔，就是沒原則的愛，是一種輕佻浮濫的愛，當女人對不值的男人付出愛，也就是成全那男人的罪惡，愛是有節制的，是善的，向罪惡施予愛與溫柔，不就是鼓勵罪惡繼續成長？這不是愛，是縱容。

眞正聰明樂觀的女人，是心靈通達的，善意而溫柔的，寬容和理解的，一哭二鬧三上吊早過時了，可愛的現代女性用腦子思考，用理智處事，用眞與善待人，她們才是眞正美麗的。

…………

普盧塔克：你若不是持著盾牌歸來，就應躺在盾牌上歸來。

…………

其慮之不深，其擇之不謹，其定取舍楛僈，是其所以危也。〈榮辱〉

考慮得不夠周詳，選擇得不夠謹慎，下決定輕率、漫不經心，這是遭受到危險的原因。

在許多醫療記錄裡，對於自閉症或情緒障礙的孩童都有著詳盡的記載，可惜一般人對這樣的孩子卻依然不瞭解，這樣的孩子有些是先天的，但也有許多是因爲後天環境造成的，尤其家庭教育是一大因素，如果父母親能盡量注意自己的管教方式，便能讓孩子的心理偏差減少到最小。

在心理教育方式，應多多採取支持的原則，父母親應該盡可能用「鼓勵」的方式來代替「處罰」的行爲，如果朋友作出好的行爲，長輩就應該多多給予鼓勵與讚美，這樣可以使孩子在行爲表現更好。

長輩的鼓勵與讚美必須出自內心，而且必須根據實際、具體的好行爲來加以鼓勵，否則空洞的讚美不但不能達到效果，反而會給人嘲笑、諷刺的感覺，會造成反效果，所以在對孩子特別是有情緒障礙的孩子施以鼓勵的時候，一定要明確的說出人、時、地以及具體的行爲，讓他清楚地知道自己作了什麼，爲什麼被鼓勵，才能達到效果。

至於不好行爲，則必須使用明確、有建設性的話語，千萬要避免情緒性的責罵，比如直接要求孩子「要早睡早起」，而不是用「你就是這麼懶，每天賴床！」「你這麼做，一定是故意要把我氣死。」「早知道你會這樣，生出來的時候就把你掐死。」等都是非常負面的言語。

要改善情緒障礙，就像是逆水行舟，非常艱辛，但只要父母能多用心，下苦心，定能歡呼收割，爲人父母長輩者，第一要務是保持自己的情緒穩定，保持樂觀開朗態度，才能給孩子穩定安全的感受。

…………

勃特勒：要慎思而後行，因爲你播下什麼種子，就會有什麼收穫。

…………

善擇者制人，不善擇者人制之。

善於選擇的人就不會受制於人，不善於選擇的人就容易受制於人。

〈王制〉

三國時代的賈詡，與董卓同樣出身涼州，他最初投靠董卓，董卓入京後，張狂亂爲，後來董卓被呂布殺掉後，賈詡勸李傕、郭汜等人，率領幾千人馬，攻入長安，後來被李、郭封爲掌管選舉事務的尚書，賈詡利用他的威望，多次充當李、郭的和事佬，也盡力保護皇帝和大臣，等到時機成熟，投靠段煨，段煨上下下下都很仰慕他，賈詡備受禮遇，但他不想長久待下去，想跳槽，暗自和張繡聯繫，有意投靠過去。

有人問他，爲什麼段煨待他優厚，還要離開，賈詡說：「段煨性情多疑，雖然對我禮遇，卻不能長久倚賴。如果我離去他必定很高興，又指望我爲他爭取奧援，必然善待我的妻小。」賈詡猜得不錯，張繡禮待賈詡，而段煨也厚待他的家屬。

而後來張繡和曹操幾度衝突，兩人結下的樑子，然而，在袁紹發兵和曹操決戰前，派人向賈詡傳達友好結盟的訊息，賈詡告訴張繡，此時此刻，該投靠的人，只有一個，就是曹操，後來賈詡也成爲曹操左右手，參謀決議，貢獻良多。

三國的賈詡，跟了好幾任老闆，換了好幾份工作，終於來到曹操的職場，不過他輾轉投靠，又富於韜略，難保不會被人妒忌，所以他行事低調，謙恭潛沉，安享終老。所謂生涯規畫，就是一種選擇，像賈詡換了好幾任老闆，到最後選擇曹操，他有兵家的謀略，有道家的智慧，在職場上，賈詡可以說是個善於選擇的贏家。

大仲馬：惱怒是片刻的瘋狂，所以你要控制感情，否則感情便控制了你。

使欲必不窮乎物，物必不屈於欲，兩者相持而長，是禮之所起也。

〈禮論〉

讓人的欲望不會因為物質不夠而得不到滿足，物質也不會因為欲望而無限制的供應，物質與欲望兩方能互相制約增長，這是禮產生的原因。

經濟學裡面有一個很好玩的例子，就是當人肚子餓的時候，剛開始會對白飯有很強烈的需求量，這時如果適時的提供白飯給消費者，肚子餓的人飽足感很快就能夠提昇，所以會繼續添第二碗第三碗飯，但是如果吃到一定程度時，肚子漸漸飽了，不再需要白飯來充飢了，這時候提供飯的人也漸漸的減少白飯的提供，最後等客人喳呼一聲說飽了，一拍兩瞪眼不吃了，這時候提供再多的白飯也沒用了，所以聰明的生產者不會笨得再一直拿白飯要給已經吃飽的人吃。

經濟學的這個理論叫做邊際效用遞減法則，當其他條件不變的狀況之下，消費者消費某一項財貨的邊際效用（滿足感）會隨著消費量的增加而遞減。從這裡，我們可以看出荀子很早就有經濟學的概念，不但如此，還點出了整部經濟學的核心概念——「市場機能」。

在經濟學裡面「市場機能」被稱作「一隻看不見的手」，怎麼樣看不見，不是穿了哈利波特的隱形披風，而是在物質的正常供給下，需求也會有達到滿足的時候。現在景氣不好，買的人怕買貴了，賣的人也怕賣便宜了，而這其間就會有一種奇妙的買賣雙方都平衡也都互蒙其利的情況出現。

不知道發明經濟學的人，是不是因爲唸到荀子，就像忽然被蘋果K到那樣，發明了經濟學。

…………

伊比鳩魯：自然所要求的財寶是確定的而且容易得到的，虛浮的欲望是不能饜足的。

…………

故禮者，養也。

〈禮論〉

禮是用來滿足人的欲望，節制人的需求。

你有沒有想過，如果有一件事是可以無限制的供給時，會是什麼樣的感覺？

我想最多人想變成有錢人，好像從來沒有人嫌錢多的。但是，如果有一天，你眞的變成全天下最有錢的人，金山銀山讓你怎麼挖都挖不完，想要什麼就有什麼的時候，你的人生還有什麼樂趣呢？

如果我有一億，我一定會有源源不絕的願望出現，要買房子、買車子、買鑽石、買名牌衣服、買勞力士、出國旅遊、吃遍世界美食……能用錢買得到的，幾乎都是人人追求的願望。但是我們再想一想，如果我有無數金錢的時候，你還想要這些嗎？或者那時候我們只想有親愛的家人陪在身邊，我們要的又是錢買不到的東西了。

人生的那麼一點樂趣，原來是不足，因爲不足，所以我們才有追求的動力；因爲不足，在期待的過程你才有感受到生命的活力；因爲不足，所以當我們千辛萬苦的得到時，一切才是那麼值得快樂。

眞正的快樂原來是從不足開始的。

蒙田：放縱是感官快樂的禍患，節制不是它的懲罰，而是它的調料。

心不使焉，則白黑在前而目不見，雷鼓在側而耳不聞，況於使者乎！〈解蔽〉

如果不用心思考，即使是眼前黑白分明也視而不見、即使是耳朵旁鼓聲如雷也能充耳不聞，對旁人的話也都聽不進了。

有戴眼鏡的人，一定都會有找眼鏡的經驗，明明剛拿下來的時候，是放在桌上的，怎麼現在找不到呢？再不然也有因為在喝熱湯時，因為一直會有兩團霧氣，所以把眼鏡掛在頭上，等喝完了也忘了眼鏡在哪裡？還拚命找眼鏡，原來就掛在頭上。

再說找東西好了，很多人也是隨手就丟、隨手就放，很少有物歸原位的習慣。不過在放的時候，那一刻一定都想說我會記得的，偶而有一兩次我們的確是記得的，但日子一久，要再找的時候通常都忘了，只是找的時候，我們一定會一邊找一邊嘀咕說明明就放在這裡啊，怎麼會不見的。

你一定也有過這樣的經驗，有時候才剛掉在地上的硬幣，明明掉下去的時候有看到，但才一眨眼怎麼就是找不到、看不到，通常這時候別人一眼就看到掉在哪裡了？但那時候眼睛就像脫窗了一樣，沒看到就是沒看到。

我們總以為我們看到的才是看到，但即使是在眼前的我們都不一定看得到；直覺的思考讓我們常常不相信別人只相信自己；有時候，我們眞該停下來想一想，聽聽別人怎麼說才是，而不是永遠都自己對。

…………

夸美紐斯：假使有人把心思用在研究智慧上面，他的研究便沒止境；因為一個人愈是知道越多，他便愈知自己的無知。

…………

欲過之而動不及，心止之也。〈正名〉

天生的慾望很強烈，但行動沒有完全這樣做，那是因爲心有所節制。

很多人會說，生命就這麼一次，「Come on , baby. Don't think too much. Just enjoy your life.」（僅管來，寶貝，別想太多了，只是好好享受生命）。這一類以享樂主義爲名的享樂主義者，他們覺得行樂須及時，於是他們追求感官的享受，任何什麼道德仁義的標準，在他們的字典裡是不存在的。不能說這樣是錯的，但是如果你仔細檢驗他說的話，馬上就會發現有很矛盾的地方。

因爲他們尊奉的享樂其實也僅止於對自己有利的部分，追求味覺的人會去吃遍天下美食、追求視覺的人會不時搜索美的畫面，他們總是盡情的享樂，並且宣稱人生苦短，人生得意須盡歡，人要跟著慾望走，忠於自己的感覺、忠於自己的心、作自己的主人。以這種唯心論的論調來看，難道如果有一天他們想殺人放火燒殺擄掠的時候，也會眞的這麼去做嗎？

當他眞正的意識到盡情放縱的後果是必須付出代價的時候，是不是也還能如此宣稱只要快樂，只要跟著感覺走呢？

……………

阿奎那：那羈勒和抑制情欲的德性，就叫做節制。

……………

欲雖不可去，求可節也。所欲雖不可盡，求者猶近盡。〈正名〉

雖然欲望不能完全去除，但是可以節制。想要的雖然沒有止盡，但心可以達到滿足的狀態。

有減肥經驗的人一定非常了解，愈是想克制不吃的慾望，肚子就愈來愈餓，然後終於忍到控制不住吃的慾望了，一旦開始吃了，就發起狠來，狂吃猛吃，吃飯皇帝大，先吃完再說。光要克制吃的慾望，就讓每個想減肥的人心心念念，像著了魔一樣，腦袋的雷達不斷地發出「我要食物我要食物食物食物食物」那樣的訊息，怎麼忍得住，節制得了，簡直是人間地獄，像被打入餓鬼道一樣。

要節制的確是不容易的，而且我們也發現愈是想要限制的東西，那個東西就會愈活靈活現，愈讓你的心蠢蠢欲動，愈加的無法控制。人的心總是這樣的，愈被束縛的東西就愈渴望自由。任何事過與不及都不好，能在一定的限度裡找到平衡才是最有作用、最有效果的。

減肥其實沒有特效藥更沒有秘方，就是少吃多運動。怎麼少吃，就需要靠節制了，先從一些習慣開始改變，比如以前吃很飽，現在只吃八分飽，剛開始或許不習慣，但漸漸的當你的肚子習慣了八分飽，頭腦的指令就會自動告訴你的胃「飽了飽了」。慾望的節制還是得靠你的意志，多想想沒有也不會怎樣，或是多想想我已經有什麼了，多讓你的理智小天使跳出來扁掉那個愛吵愛鬧的壞小孩。

伊索：我們應該滿足於自己所有的東西，貪求無益的東西，往往會把手頭的東西也失掉。

上一則下一矣，上二則下二矣；辟之若草木，枝葉必類本。〈富國〉

上面的人的政策統一下面的人就跟著一致，上面的人搖擺不定下面的人也就跟著無所適從，就好像草木一樣，枝葉是由根來決定的。

南京奶業集團公司原董事長金維芝被稱爲「金陵奶王」，他因涉嫌經濟犯罪而被查處，在查案過程中，公安發現他的司機靠著老闆的招牌，數年來共撈取錢財近數十萬元。

這名天天驅車跟著老闆到處跑的司機，一年到頭都不能回家，不過他的敬業精神深得「金陵奶王」賞識，甚至連打麻將，都帶他一起，而這名司機心理愈來愈不平衡，於是他開始想方設法多撈錢，第一招就是「雁過拔毛」。

「金陵奶王」將處理公事的電話交由司機保管，便成爲他轉化效益的好工具，開始了「權與錢交易」，對那些有油可撈或看不順眼的人的電話，便被攔截，甚至捅他一刀，遮雲掩霧的能力不在老闆之下，這個司機幾乎成了集團的二老闆。

一個小司機爲何能夠在大企業呼風喚雨、貪得無厭？在老闆被查處時，這名小司機也被舉發貪瀆，可是這樣的舉發，卻讓檢察官左右爲難，這名司機的確收了別人不少好處，而且大占公司便宜，如果他是一位公務員，就構成了貪污罪、受賄罪，但他只是一私人企業的司機，沒有公職，不能算是受賄罪，所以只能以職務侵占罪論處。

所謂「上樑不正下樑歪」，即使在私人企業裡，老闆若有著壞榜樣，員工也就實在好不到那裡去。

…………

馬克・吐溫：經常要坦白地承認一項過失錯誤，這將使你的上司防備不及，才會給你一個機會去犯更多的錯誤。

…………

見其可欲也，則必前後慮其可惡也者。〈不苟〉

看到自己想要的東西，就要仔細的考慮清楚會讓人厭惡的一面。

在佛教的傳說中有一個關於人類欲望的故事。

從前有位名叫優波崛多的男子，性格敦厚仁愛，是當時有名的美男子，而城裡也有一位容色絕美的名妓。

一日，名妓身邊的婢女進入優波崛多的店鋪裡買香，見到優波崛多，便驚爲天人。於是，她飛奔回去：「主人，您實在該去看一看那位名叫優波崛多的青年，他的俊美無人能比。」

美麗的名妓聽到這番話後大爲心動了，她向自己的婢女說：「你能否去請那位俊美的青年前來，我平常接客，一次要五個黃金，他來的話，我不收分毫。」這位婢女馬上到優波崛多的身邊，向他說明來意。優波崛多對這婢女說：「我絕不會做這樣的事。」

過了不久，城裡來了一位路過的大財主，身上帶著許多金銀財寶，便在那個名妓家中過夜。到了深夜，妓女看見財主的金銀，起了貪念，想謀取所有的財寶，於是她悄悄地把財主殺掉，埋在自己的院子裡。

最後是財主的家僕運用自己的智慧揭發妓女的罪行，當國王得知這個消息後，就命人把妓女的四肢砍掉，丟入墳場，讓她自生自滅。這時，優波崛多得知這個消息，他說：「應該是去見美女的時候了。」他帶了一位僕人到墳場。

妓女的婢女一直守在墳場，照顧主人，因爲名妓的四肢都被砍掉而引來了許多蒼蠅、烏鴉，婢女在一旁小心驅趕著。婢女看到優波崛多從遠處走了過來，就趕緊告訴主人。那妓女要婢女趕快幫她把四肢黏接起來，用布蓋住。

當優波崛多走近的時候，妓女對他說：「你該來的時候不來，不該來的時候卻來來。當我還是絕色美女時，你不來，如今，我被砍成可怕的怪物，你才來見我。」

優波崛多向她說：「所謂修行，是對平常人的愛惡一同，修行的人在這個時候出現，是認爲美與醜是沒有界限的，今日我出現在這裡，是要看看所謂的美人，到底是什麼樣子，並且也想度化貪婪的妓女，什麼叫欲望，它有多可怕，你就是因爲欲望才墮落到這個田地。」優波崛多告訴痛苦的妓女苦集滅道的道理，在解說中，優波崛多證得佛法三果，得道離欲，斷了四肢的妓女聽道之後，也證得初果，瞭解佛法眞諦。

…………

列夫・托爾斯泰：一切利己的生活，都是非理性的、動物的生活。

…………

見其可利也，則必前後慮其可害也者。〈不苟〉

看到有利可圖的東西，就要瞻前顧後仔細分析有害的一面。

自然界裡的動物是人類的朋友，這個地球也是動物和人類共同的家園，但殘酷而無意義的獵殺行動卻吞噬了許多動物的寶貴生命，試問，當我們讓那些不會說話的動物害怕、落淚的同時，到底該爲牠們付諸哪些實際行動？

著名的希臘哲學家布魯達克對動物注入熱烈的關懷：「當我想到就感到震驚，到底是什麼樣的欲望，讓人類開始吃死屍肉，又是什麼樣的動機，讓人類非要用動物的肉來養肥自己不可。想想不久之前你還聽到這些動物哀號、咆哮、踱步並看到牠們注視著你……

「法律和公正的約束不應該只是在人類身上，眞正的仁愛，應該延伸到每一種生物身上，仁愛的精神會從人心中流露，就如同泉水會從流動的噴泉中湧出一般。

「人類爲什麼辜負大地的美意，難道大地提供人們食物和養份還不夠嗎？難道人們不覺得將自然的蔬果和被殘殺的動物鮮血混在一起是一種很羞恥的事嗎？當我們說獅子、老虎、蟒蛇這種肉食性動物『野蠻、兇殘』的時候，未考慮牠們殘殺別的動物只是爲了生存，而人類卻爲了不必要的虛榮和欲望而殘害動物。

「我常懷疑是什麼樣的感覺、想法和理由，讓一個人開始以鮮血污染了自己的嘴，容許自己的唇觸碰到被謀殺的動物肉，而餐桌上堆滿各種動物的屍體，還不以爲意地說，那些剛剛還活蹦亂跳、有意識、有聲音的動物是平日盤中飧。」

…………

克雷洛夫：貪心的人想把什麼都弄到手，結果什麼都失掉了。

…………

彼愚者之定物，以疑決疑，決必不當。〈解蔽〉

不聰明的人用不確定的感覺來判斷不了解的事物，那他的判斷一定會不準確。

喜歡照相嗎？雖然現在用的都是傻瓜相機，不需要自己調焦距，但是廣告不也說：「他傻瓜你聰明。」雖然是傻瓜相機還是得你聰明才拍得美、拍得漂亮。所以如果你明明要拍的是一個美女，但沒對好鏡頭就按快門，很可能美女變成無頭美女。

雖然是傻瓜相機，號稱可以自己調焦距，但是雖然自動，你還是需要給相機一點時間搜索焦點，不然太快按下快門，仍然只有霧裡看花的朦朧美。雖然是傻瓜相機，但到底還是不會自己裝電池，得自己裝好，如果你沒裝好，拿著相機興高采烈的要去拍照，相機一打開，哇！沒電，那不就眞糗。

同樣一個傻瓜相機，有的人拍起來就是有手動的質感，無論是取景，顏色就是有專業的感覺；但一樣的相機，有的人拍起來也就是普通，還會怪相機不夠聰明，這實在很難說是傻瓜的錯還是聰明的錯，沒得怪的時候大家往往會說都是老天的錯。

任何事在下決定前，一定要先通盤的考量，不能只看一面，更不能草草決定，常常憑著感覺憑著意氣在作事，往往只是更突顯了自己不夠成熟，許多的決定，如果一開始的考量或動機已經是錯的，再怎麼去實行也只會導向錯誤的方向，實在是不得不小心啊！

…………

洛克：一切人都是易於犯錯誤的，而且許多人在許多點上，都會受了情感或利益誘惑，陷於錯誤。

…………

民有好惡之情而無喜怒之應，則亂。〈樂論〉

人有好惡的情感，但如果沒有相對的情緒發洩方法，就會混亂。

情緒累積太多，總是需要出口的，不然就會像山洪爆發一樣，一發不可收拾。你怎麼發洩你的情緒呢？每個人都有不同的方法，但千萬不要不發洩，現代人累積了很多壓力，以致現代的文明病也更多，尤其是精神方面的疾病，如憂鬱症、躁鬱症。身體的疾病還有復原的可能，但心裡的疾病往往只能靠自己了，所謂解鈴還需繫鈴人。

在台灣，每四對結婚的人有一對離婚，每四個人中也有一個得到癌症。兩個人的感情需要彼此良好的溝通，但自己的身體，也需要自己和自己良好的溝通。當你開始覺得自己漸漸對另一半不耐煩了，其實是因為心裡積壓了一些不滿，試著把心裡那一些些微妙的感覺說出來吧，不用害怕對方怎麼看你，也不用害怕把自己的感覺說出來，只需要讓自己平心靜氣的說，讓對方能了解，能不能解決就要靠兩個人共同努力協調溝通，而不是一味的只要另一方改變。

如果你知道問題不是出在對方，而是自己工作或其他的因素造成的壓力、煩躁、或是你的身體開始出現了一些微恙的狀況，雖然沒有大礙，但千萬不要忽略了身體提出的警訊，解放你的壓力，先暫時放下來，去做一下自己喜歡做的事，流流汗、聽聽音樂、跳跳舞、出去走走、打球、跑一跑、喊一喊，做什麼都好，就是不要什麼都不做，不然，眞的就是坐以待斃了。

康諾利：以理性爲基礎的生活將始終需要不時的狂烈和非理性的情感來加以平衡，因爲本能的動力必須得到滿足。

憍泄者，人之殃也。

傲慢和不莊重，是造成人有災禍的原因。〈榮辱〉

住在隆波安村的紳士班尼特先生，有五個女兒，班尼特太太的最大心願，就是儘快把女兒嫁出去，開朗而敏銳的伊莉莎白深受父親寵愛；當伊莉莎白認識富有且地位的達西先生時，對他的傲慢感到反感，而另一青年，威肯先生，卻彬彬有禮、態度親切。

伊莉莎白與達西的相處尷尬且火爆，後來由於友人賓利先生突然離開，又誤聽達西是陷害威肯的凶手，使得伊莉莎白對達西的厭惡愈來愈深。

由於當時英國法律的繼承限制，班尼特先生沒有男繼承人，必須由柯林斯來繼承，女兒們只能分到少許財產，柯林斯希望能娶其中一位女兒，便向伊莉莎白求婚，但伊莉莎白卻婉拒這個婚姻，後來，柯林斯娶了住在附近的女孩——夏綠蒂。

當伊莉莎白拜訪他們的新屋時，恰巧與達西重逢，這時，達西先生向她吐露愛意，卻遭到伊莉莎白憤怒地拒絕。達西爲消弭兩人之間的誤會，便寫信告訴伊莉莎白說明威肯事件的眞相。伊莉莎白終於得知事情的眞相，而爲自己的偏見感到慚愧。那時，小女兒莉蒂亞與威肯已經私奔，下落不明。

達西不但找出兩人的下落，並且爲威肯償還債務，使他和莉蒂亞能夠正式結婚，而伊莉莎白也漸漸愛上達西，由於達西的協助，使得賓利先生回到珍的身邊，於是班尼特太太嫁出三個女兒的心願終於實現了。

這個故事是大家所熟知的《傲慢與偏見》，這本書是珍奧斯汀二十一歲的處女作，出版於西元一八一三年，裡面的主人翁，傲慢的伊莉莎白，因爲太過自負於自己敏銳的觀察力，而對達西產生偏見；另一個主人翁，達西，也因爲自己擁有身份和財產，而判斷錯誤，以傲慢的態度面對群眾。

人們經常在第一印象中迷失眞相，必須在深入認識後，才能彼此認識，眞正理解對方。

…………

舊約全書：驕傲之後是毀滅，狂妄之後是墮落。

…………

快快而亡者，怒也。

〈榮辱〉

因爲不顧後果的行爲而導致生命的喪失，這都是逞一時之快的結果。

在土地過度開發及環境污染的雙重威脅下，台灣地區的紅樹林面積，正逐漸縮減。早期，台灣地區的紅樹林分佈相當廣泛，巔峰時期，面積超過一千公頃以上，不過現在只剩下二百餘公頃左右，而且正在快速減少之中。

台灣現在大約擁有三十個紅樹林地區，依法劃設爲保護區的有：竹圍紅樹林保護區、好美寮紅樹林保護區、竹南中港溪紅樹林保護區、新竹紅毛港紅樹林保護區四個，那些未能劃設爲保護區的紅樹林，都不斷面臨著土地開發與環境污染的嚴厲破壞。

根據《台灣紅樹林藍皮書》所指出的，台灣受到破壞的紅樹林地區高達二十一個地方，從北到南都有，破壞紅樹林的原因很多，包括它們生長的河海交界處，遭到傾倒垃圾、廢土等等污染，海埔新生地的開發及交通建設也是破壞之因。

目前以淡水河口的紅樹林數量最多，占有六十餘公頃，其餘分佈在各潟湖、河口、溝渠岸邊，爲了保育國內紅樹林，曾有廠商大力推動了「我愛紅樹林」的活動，他們拍攝了「台灣紅樹林藍皮書」，並且舉辦許多保育研討會，還計劃在台南鹽田地區種下一萬棵紅樹林，企圖爲保護紅樹林盡一份心力。環保人士嚴正地指出，如果我們繼續不計後果地開發紅樹林，最後殃及的，還是自己。

…………

蓋斯凱爾夫人：我認爲忍耐是我們人生過程中，任何人都要經受的最困難的一件事。等待比做事要難得多。

…………

凡鬥者，必自以為是而以人為非也。〈榮辱〉

凡是為了個人利益而去爭鬥的人，一定都只覺得自己是對的別人是錯的。

有些人經常生氣，有些人偶爾生氣，我們多少都有生氣的經驗，回憶一下，上一次生氣時，是對某人生氣呢，還是對他所做的事，所說的話生氣呢？

我們之所以會生氣，是覺得別人不應該那樣作，所以對他大發脾氣，作為一種報復或懲罰；也就是說，我們表現生氣的情緒，是因為希望別人如何，別人卻偏偏沒有這樣做，所以自己的希望遭受挫折，進而產生憤怒的情緒。

但換一個角度思考，我們有權利要求別人嗎？

每一個人都有選擇做自己的權利，我們會生氣是因為想要改變別人的行為，或扭轉別人的想法。當我們了解沒有任何人有權利去改變別人或要別人照什麼方式做事，又怎麼會生別人的氣呢。一個人會生氣，是從自己的心裡生出來的，可不是別人硬塞給你，所以別生氣的把責任推給別人。

有一個故事是這樣的，某校的學生家長狠狠地羞辱校長一番，可是校長卻還是處之泰然。老師們便問校長，爲什麼能忍受這樣的羞辱呢？那校長回答：「如果有人寄封信給你，而你不打開，又怎會受內容影響呢？」

生氣是自找的，不是別人惹的，也許別人的性格不合你的口味，讓你不喜歡，但那不是他的錯；如果一直認爲自己是對的，那麼事情就必須照我們的心意進行不可，那麼，希望就變成要求，要求就變成控制，喜歡生氣的人所表現的，只是希望落空的幼稚反應，據研究，造成這種反應的原因有三，一是「自私」，一是「自大」，最後一種是「自卑」。

尼．奧斯特洛夫斯基：只爲家庭活著，這是禽獸的私心；只爲一個人活著，這是卑鄙；只爲自己活著，這是恥辱。

君子必辯。小辯不如見端，見端不如見本分。〈非相〉

君子一定是善於辯論的。要爭論小事情不如去找出事情的頭緒，找出事情的頭緒不如去捉出等級名分的差別。

有句俗語說：「憨番抬廟（厝）角」，意思是一尊弓著身體，並且以肩膀扛著屋檐角的男性塑像。關於這種塑像的由來，有個有趣的傳說。

相傳地方上有一個人，大伙都叫他老番角，因爲他很喜歡張牙舞爪地批評別人，又愛隨口狡辯。有一天，他來到一座正在興建中的廟宇，走到廟裡，看著裡面的種種東西，又毫不客氣地大肆批評一番，結果，那個蓋廟的師傅非常不高興，當天晚上就要自己的徒弟，照著老番角的面貌做了尊陶像，又吩咐徒弟將老番角的陶像放到牆頭上，扛著廟角，所以「老番角」其實是一個人的綽號，因爲他太喜歡亂批評別人，在廟裡對匠師的作品胡亂批評，所以自己的容貌才會被塑成一尊邪鬼像，站在牆頭上，抬著沉重的屋角，這樣的舉動，是爲了讓「老番角」丟臉，讓老匠師一解心頭之恨。

另一種說法是，以前在台灣的中南部，主要以平埔族的居民較多，當時的漢人經常稱他們爲「番仔」，這些「番仔」的特色，就是力大無窮，他們適合做爲負重的力士，於是，蓋屋的老匠師們就把他們的樣貌做成塑像，放在牆頭上，用以支撐沈重的屋角，也有一些放於樑架上，做扛樑狀者稱「力士扛樑」。

…………

伊索：有頭腦的人應當事先看清事情結果，然後才去做那件事情。

…………

信信，信也；疑疑，亦信也。〈非十二子〉

相信應該相信的，這是誠實；懷疑應該懷疑的，這也是誠實。

我們該如何看待自己生命，佛家講緣起性空，道家講來回往復，儒家講隨遇而安，顏回的「一簞食，一瓢飲，在陋巷，人不堪其憂，回也不改其樂」的生命態度在如今的社會還適用嗎？我們總是在周圍建築許多堡壘，讓自己能夠感覺安穩，可是安穩也代表了停止，我們已看到生命力的盡頭，無須到達更高的生命境界，我們都知道生命的意義不是這樣的，但如今的社會卻經常讓我們變成那個樣子，愈來愈像活死人、行屍走肉，沒有目標，沒有步伐。

倘若從現在起，我們能看清自己的眞面目，將六根六塵的運作去掉，看見自己生命的本質，那麼就可以看清事情的眞相，不然在自己的堡壘裡，坐井觀天，什麼都看不見，庸庸碌碌，不知所向；然後落實自己的生命，讓自己能夠完成，最後才能引渡他人，也就是爲天地立心，爲生民立命，建立廣大的胸懷，看見廣闊無窮的眞實世界。

艾琳・C・卡瑟拉：誠實是力量的一種象徵，它顯示一個人的高度自重和內心的安全感與尊嚴感。

則知其所為，知其所不為矣。〈天論〉

要知道應該去做的事，也要知道不應該去做的事。

上帝創造了世界，用地上的塵土造人，將氣吹到他的鼻子裡，他就有了靈魂，這個人名叫亞當，上帝將這個人放進伊甸園裡，要他看守、整理園子。上帝對這個人說：「園子裡的各種果子，你可以隨意吃，只是分別善惡樹上的果子，你不可以吃。」後來，上帝又造了個配偶給他，名叫夏娃。

在上帝造的物中，唯有蛇是最狡猾的。蛇對女人說：「你們就算吃分別善惡果也不一定死，因爲上帝知道，你們吃了眼睛就變得明亮，能如上帝般知道善惡。」於是，女人摘下果子吃，也給她的丈夫吃。他們兩人吃完以後，對赤身裸體感到羞恥，就用葉子掩蓋身體。

就如大家所知，亞當與夏娃被上帝趕出了伊甸園，女人需受懷胎之苦，而男子必須流汗才能糊口，這是由於他們兩人受了欲望的驅使。

也許大部份的人會說，這段故事的捏造性頗大，人類的老祖宗可不一定是亞當、夏娃。不過〈創世紀〉所要說的並不是人類的祖先是誰，而是人類最初的欲望，由於夏娃「想要」吃吃看善惡之果，於是人類世世代代的生涯開始了。

人類因爲欲望而獲得了溫飽、財產，甚至知識，也由於欲望，而招致了爭奪、仇恨、甚至戰亂。

何謂文明？文明是知道什麼事情應該去做，什麼事情不該去做，而判斷標準是什麼呢？就是人的欲望。

…………

亞里斯多得：放縱自己的欲望是最大的禍害；談論別人的隱私是最大的罪惡；不知道自己的過失是最大的病痛。

…………

知莫大乎棄疑，行莫大乎無過，事莫大乎無悔。〈議兵〉

沒有比不作沒把握的事更有智慧，沒有比沒有過失更好的行為，沒有比不後悔更好的事。

莎士比亞說「簡潔是智慧的靈魂」，智慧的思考模式是新領域的引導，我們每一天都要有新的思考與新的方向，從簡潔中體悟智慧的精神，在錯誤當中不斷學習，藉由多問、多聽、多學來探索新世紀中的領導哲學與智慧，去體驗從時間管理、優先順序、簡潔、準時、科技、方法中，實踐眞正的生活。

不要畏懼改變，眞正安穩的人生是建立在不斷嘗試新事物、學習、認識更多的人、更多創意、敢於承擔風險上，我們之所以不敢冒險是因為沒有把握，智慧的眞諦就在於自己勇於改變，並且做有把握的改變。

平常的事情並不會為自己帶來快樂，更不會產生成功感，外在的財富地位只不過是表象，認識自己、誠實的面對自己、知道自己眞正想要的是什麼，這才是人生。

…………

霍蘭：除了自己，沒有人能夠侮辱我們。

…………

卷五

收買人心之必要

批評我但是很正確的人，可以算是我的老師；稱讚我但是很恰當的人，可以算是我的朋友；那些阿諛諂媚的人，根本就是害我的人。

非我而當者，吾師也；是我而當者，吾友也；諂諛我者，吾賊也。〈修身〉

批評我但是很正確的人，可以算是我的老師；稱讚我但是很恰當的人，可以算是我的朋友；那些阿諛諂媚我的人，根本就是害我的人。

沒有人不愛聽好話的，尤其是在愛情裡的人簡直是靠甜言蜜語就可以飽了。很顯然的，這一條就很不適用在談戀愛的人身上，如果有哪個戀愛的男女，膽敢在情人幫你買了名貴禮物的時候，指責他太浪費，不知道民間疾苦，失業率如此之高還不知道要未雨綢繆，甚至還搬出非洲的小孩沒飯吃這回事，那肯定活不過今晚就準備在愛情裡壯烈成仁。

話題扯遠了，但人總是喜歡聽好話的，那些很有良心的建議通常在當下都很讓人難堪的，要聽進去就更難了。但其實在現代社會裡，就因爲大家都很了解這一層表面功夫的必要性，就索性表面來表面去，總之出個嘴巴就可以討好人的事，何樂而不爲呢？而這樣的結果，造成的只是人與人之間更加的疏離，更加的無法信任彼此。

聽眞話的人要有雅量，說眞話的人更要有技巧。但其實在職場裡，要聽到眞話是比較難的，通常我們聽到的都是不痛不癢、虛應敷衍的場面話，其實這也怪不得別人，而是要回過頭來看看自己是不是有聽眞話的耳朵，還是每當被人說中時就惱羞成怒面紅耳赤，這樣誰還敢對你說眞話。另一方面說眞話也是要有技巧的，如果只是攻訐、只是一味的謾罵，只會激怒被批評的一方，這樣反而對事情沒有任何幫助。

學習當一個會聽話的人，需要時時的檢視自己；當一個會說話的人，更需要不斷地練習。聽話的人先忍一口氣，說話的人也忍一口氣，說的人和氣，那麼聽的人也就更能接受了。

…………

弗蘭西斯・培根：朋友之間可以從兩個方面提出忠告，一是關於品行的，一是關於事業的。

…………

君子能以義屈信變應故也。〈不苟〉

君子能基於禮義的原則或屈或伸來順應人情世態的變故。

中國有一句古老的名言「大丈夫能屈能伸」，最能表現出這句名言精髓的人物，恐怕非「越王勾踐」不可。當時勾踐淪爲階下囚，住石板屋裡，爲吳國養馬，跪在地上當吳王的上馬石，卻毫無憤怒之色，後來吳王夫差生病了，他居然主動爲夫差嚐糞，此舉使夫差大爲感動，對他逐漸信任；後來越國實力逐漸壯大，打敗了吳王夫差，使得國仇家恨能得到昭雪，讓自己重登王位。

繼他之後有一位韓信，他承受了胯下之辱，成爲眾人的笑柄，不過，韓信後來卻也變成勇猛的將軍，有「漢初三傑」的名聲流世。這兩個人都是「大丈夫能屈能伸」的善例，也就是說，他們是好榜樣，不過，新世代的年輕人爲這句話，添附了新的含意。

一位周旋各地的名嘴正在某文化廳內演講，他從口袋裡拿出一千元，看聽眾誰跪在地上叫聲爹就給誰，於是，女學員當場跪下叫了一聲：「阿爹——」，那名嘴接著說：「跪下，能屈；拿到錢後，站起來，能伸，這就是大丈夫能屈能伸。」全場哄堂大笑，笑裡帶著些許辛酸。

最後，那位名嘴表明方才的下跪戲碼是事先套好招，大家才稍稍安心。也許大部份的人對這種「能屈能伸」嗤之以鼻，不過這類人物可是大有人在。世界各處也都有腐敗的官僚白日在政治殿堂裡「伸」張正義，聲嘶力竭地反對貪瀆，夜晚「屈」就在小小的私猖寮裡偎紅倚翠，樂不思蜀。

「屈」可不是毫無是非善惡可言，眞正的君子能爲了「理」而委曲自己，可不會爲了「利」而委曲了「正義」。

…………

紀德：一切美德都是由於放棄自我而成的。

…………

不問而告謂之傲，問一而告二謂之囋。

〈勸學〉

別人沒有問你就告訴他，那樣就是急躁；別人問了一個問題，而你回答了兩個，那就是囉嗦了。

剛看到荀子勸學篇裡提到君子之學的這句話時，額頭上彷彿出現了幾道像小丸子冒冷汗的線條：「怎麼會是這樣呢？」在現實生活裡，如果遇到了不問而告的人，我們會覺得那人很是熱情，怎麼會是急躁呢？那如果再遇到問一而告二的人，我們更要覺得那人不但熱情而且還熱心呢，怎麼又會是囉嗦了呢？

但是，再回頭仔細想想，除了我們總以爲要「己所不欲勿施於人」之外，是不是也曾想過「己所欲，施於人」這之間隱含的霸氣呢？任著自己的喜好，強加在他人身上，是不是也強迫了別人的自由意志呢？

在職場上，總會有一些前輩告訴我們該這樣作，該那樣作，有時會擺個「我吃過的鹽，比你吃過的飯多」這樣的姿態來壓迫別人認同他的方法。就一個學習的心態來說，能碰到這樣的前輩，肯這樣教導我們，應該要虛心學習才是，但是，人往往會用意志去操縱別人的行爲，要別人跟著他說的做，如果違反了，便難免產生摩擦。

或許，人總要碰得滿頭包以後，才能真正記取教訓，發現前人的經驗是值得學習的，但往往，不經一事，不長一智，生命就是在這樣的挫折裡才能成長。有時候，該讓生命自己去學習才是。

克雷洛夫：殷勤過分的蠢材，比任何敵人還要危險。

問楛者，勿告也；告楛者，勿問也；說楛者，勿聽也；有爭氣者，勿與辯也。

〈勸學〉

有人問不合乎禮義的事，不要告訴他；有人來說不合乎禮義的事，不要再追問；有人在談論不合乎禮義的事，不要湊過去聽；有人態度蠻橫無理，不要再去跟他爭辯。

台灣近來的幾個享「譽」國際的新聞事件，總會看到傳播媒體高喊捍衛「新聞自由」，曾幾何時，我們的傳播媒體開始成爲正義的化身，而不是搶獨家、煽色腥的傳媒，是維護正義的使者，是有「權力」擁有新聞自由的傳媒。

從狗仔隊進駐台灣以來，一波波新聞自由的爭議躍上檯面。新聞自由的大刀一揮，可以公開附贈情色光碟；闊斧一劈，不顧人身自由大肆報導私人派對。水能載舟亦能覆舟，救人的刀一樣可以拿來殺人，當權力過於擴張的時候，就會變成暴力，就是拿著雞毛當令箭的劊子手。

愛看熱鬧是一般人的心態，觀眾讀者愛看也是傳媒一致的說法，甚至有數據證明。但是當狗仔文化還沒有進駐台灣之前，這些觀眾與讀者可曾如此狗仔呢？傳媒固然有新聞自由的權利，不是同時也有傳媒的社會責任嗎？「如果什麼都沒做，不用怕」這是傳媒對這種狗仔行爲提出的辯駁，但報導公眾人物的隱私又是符合什麼公眾利益的傳媒文化呢？

或許我們都沒有立場去譴責狗仔文化，因爲或多或少我們都是狗仔文化的共犯，除了要求媒體自律之外，我們是否也該問問，到底想要的是怎樣的社會呢？當台灣出現在國際舞台的時候，我們希望給國際的又是怎樣的形象呢？說別人之前先想想自己，非禮勿視、非禮勿聽、非禮勿言、非禮勿動，我們又做了多少？

············

格拉西安：對流言蜚語最好的譴責就是不加理睬。

············

未可與言而言謂之傲，可與言而不言謂之隱，不觀氣色而言謂之瞽。〈勸學〉

去跟那些不能交談的人說話叫作急躁，與能一起交談的人卻又不說了叫作隱瞞，不看人家的臉色而自顧說話叫作白目。

說話還需要學嗎？打從娘胎出來可就會哭了，誰不會說話啊？我們先來看一則從網路看到的笑話，再來看看說話到底要不要學。

有一位老闆找了一位司機幫他開車，司機是一個好人，很會替老闆著想。有一天，老闆請生意上的朋友吃飯，要司機也坐下來跟大家一起吃。司機看到老闆的朋友都是有水準的人，能和他們一起吃飯眞是榮幸。於是，他就舉起酒杯跟大家敬酒，並且說：「我們同歸於盡！」老闆聽得臉都綠了。回家後，老闆委婉地跟他說剛才的話不適當，以後說話要小心一點。還吩咐他明天早上六點要叫他起床。隔天，時間到了，司機要叫老闆起床時心裡想：「昨天害老闆沒面子，今天說話要小心點。」然後司機準時敲老闆的門說：「老闆，老闆！你的時辰到了！」

雖然這則笑話有點冷，但說話可眞是一門大學問。跟什麼人說？什麼時候說？說些什麼？怎麼說才恰當？這都是考驗一個人說話的智慧。因爲一句話而得罪人，往往只是說者無心聽者有意，很容易就造成誤會。但耳朵長在別人身上，實在很難去控制別人怎麼會把白的聽成黑的，我們只能要求自己說得讓人家眞正聽懂了。

三思而後行，要衝口而出之前，先忍一下，再想想。該說的時候就要說，不該說的時候不要說，邊說還要邊觀察聽者的反應，不要人家已經火冒三丈了，自己還說得口沫橫飛，洋洋得意，那就眞的太白目了。

…………

佩恩：如果你考慮兩遍以後再說，那你說的一定比原來好一倍。

…………

淺不足與測深，愚不足與謀知，坎井之蛙不可與語東海之樂。〈正論〉

淺的東西不能用來測量深的，智慧不夠的人不能擔當重要的任務，井底之蛙不用跟他談東海裡的樂趣。

這樣的說法好像有把人打入十八層地獄的感覺，只要是不適用的就不用說太多的意思。不過，我想荀子的本意只是在提醒我們，每個人都有他的本性，怎麼樣去發揮他的本性達到極致，這才是人盡其才。按荀子的說法，人是有本性的，可以靠後天的培養。但是，後天的培養還是得依據「不離其樸而美之，不離其資而利之也」；不脫離原來的質樸而加以美化，不脫離原來的素質而加以培養，過多的期待，只不過是妄想，能發揮自己的特質，才是最適當的。

話說有一天有個員外要出遠門，臨走前交代笨笨的僕人阿福：「你要好好看門，不可以讓我們的驢子被偷走了。」阿福說：「老爺放心好了，交給我就沒問題！」員外走後，屋外傳來一陣陣咚咚鏘鏘的鑼鼓聲，阿福高興地也想去外面跟大家湊熱鬧，但前腳剛踏出去就想起員外交代過要好好看門。阿福想了想，靈機一動地拆下門板，用繩子綁在驢子身上，快快樂樂地牽著驢子看戲去了。小偷經過了員外家看到門戶洞開，此時不偷更待何時，所以一轉眼偷光了錢。員外回來看到家裡被偷光了，氣得找阿福來問，結果阿福還理直氣壯的回答：「老爺，你不是說要好好看門，不可以讓我們的驢子被偷走了。門跟驢子現在都還在啊！」員外氣得眞不知該說什麼好。

人當然要有自知之明，但如果要交待一件事給一個明知道不可能做得到的人，而因此出現了大的麻煩或大的問題，錯就應該不在被交待的人，而是交待的那個人應該要檢討了。

…………

塞繆爾．約翰遜：幾乎每個人都將自己的一部分生命浪費在試圖表現出某些自己並不具備的品格，或贏得某些自己無法享有的喝采上面。

…………

與人善言，暖於布帛。〈榮辱〉

用好話來讚美別人，比布帛更讓人溫暖。

當一位修女任教於莫理斯某小學時，班上有位特別的孩子，他的外表乾淨整齊，性格樂天知命，不過卻很愛講話。當年輕的修女提醒他時，他總是誠懇回答說：「修女，謝謝您指正我！」但過不久，又開始說話了。

有一回，這個修女實在受不了了，便盯著他說：「如果你再說一個字，我就把你的嘴巴用膠帶封起來。」不久，他又說話了，坐在旁邊同學冒出一句話：「老師，他又說話了。」

這年輕的修女別無選擇，她必須將自己的話付諸實行。是的，後來那個孩子嘴上黏了一片膠帶。那個樂天派的孩子，雖然嘴上被貼了膠帶，卻向修女眨著眼睛，當修女撕下他嘴上的膠帶後，他聳聳肩膀，開口說：「修女、謝謝您指正我！」

後來，這個修女離開了國小，到一個國中去教書。數年以後，班上出現一位十分面熟的學生，那孩子又出現了，他還是和從前一樣快樂且有禮貌，但，不再像以前那樣多話了。某日下午，修女要求學生們把全班同學的名字寫在兩張紙上，每個名字間都留些空白，然後想些別人的優點，寫在名字與名字之間的空白上，在下課時交給修女。

那個孩子離開時對著她說：「修女，謝謝您的教導，祝您有個愉快的週末！」於是，修女花一天的時間，把每個學生的名字和優點，謄寫在一張張紙片上，發還給他們，孩子們開心極了。時間慢慢地過去，幾年以後，大夥兒也都遺忘了這事。

年輕的修女逐漸變成中年的修女，一天，她在電話的那頭接到壞消息：「那孩子在越南陣亡，葬禮就在明天，如果你出席的話，他的父母會很高興的。」

一個軍人，靜靜地躺在棺材裡，年輕俊美的臉龐，修女想著：「孩子，如果你能夠起來和我說話的話，我願意把全世界的膠帶通通丟掉。」在葬禮過後，那孩子的父、母親在一旁等著修女，他們拿了一些東西，想要給她看。

那個父親從口袋拿包紙，並且小心翼翼地打開，拿出一張已經破損的筆記本內頁，修女想起當初寫給同班同學讚美的那張紙。「非常謝謝您爲他做了這些。」他的母親說，「您看到的，他很珍惜它。」

許多以前的學生們紛紛圍在他們身邊，其中一個孩子說：「我也還留著這張紙，我把它放在書桌的第一層抽屜裡。」另一個接著說，「我把它放在日記裡。」一個已爲人婦的女孩，拿出皮夾，抽出那張已經破損皺折的紙說：「我一直都隨身帶著，我想大家應該也都還留著吧！」年過半百的修女看著在天邊飄搖的雲朵，臉上劃過淚珠。

這是網路上流傳的一篇小故事，它簡短卻動人，也在娓娓傾訴中不斷提醒人們，讚美是溫暖，讚美是有力的。

…………

弗蘭西斯・培根：有一種稱讚是助人成善的，這就是所謂「鼓勵性的稱讚」。

…………

傷人以言，深於矛戟。〈榮辱〉

用惡言來中傷別人，比矛戟傷人還可怕。

過去的才子佳人，曾經名盛一時，但在離婚後，卻還是糾纏不清，這對隔空叫戰的怨偶，便是影星阿B與他的前妻章小蕙，當時在阿B與章小蕙前男友相繼宣告破產之後，章小蕙被說成是紅顏禍水、毒蛇猛獸。

章小蕙依舊光鮮亮麗，不過她和阿B的隔空喊話，卻沒完沒了，媒體的注目也是一大因素，因爲受不了阿B密友說她讓阿B戴了七頂綠帽，章小蕙乾脆大爆前夫的特殊癖好，透露前夫可能有沾毒惡習，兩人離婚的關鍵在毒。

媒體播得熱烈、觀眾看得精彩，但這對怨偶，似乎沒有考慮到一對兒女心中的感受，每天你來我往地回應對方，毫不留情，那句「有粥吃粥」的言語，成了當年香江街頭巷尾揶揄嘲諷的口頭禪。

這兩位公眾人物的錢仇舊恨，冰凍三尺非一日之寒，可不是三言兩語說得清楚，可惜兩人都缺乏EQ，未能好好處理事情，彼此之間惡言相向，不但讓兩人身敗名裂，一個成了香港最帶塞的女人，一個被爆出特殊癖好，而最可憐的，還是他們還年幼的孩子，到底該用什麼樣的眼光看自己的父母，用什麼樣的態度面對自己未來的成長路途。

…………

奧・赫胥黎：語言使我們超越了畜牲的範圍；語言使我們沉淪到惡魔的水平。

…………

贈人以言，重於金石珠玉；觀人以言，美於黼黻文章；聽人以言，樂於鐘鼓琴瑟。〈非相〉

用好話贈人，比贈人金銀珠寶更有價值；用好話勉勵人，比讓他看鮮豔的色彩更美；讓人聽好話，比聽樂器演奏更讓人快樂。

在台灣有幾位深受敬重的師父，已圓寂的法鼓山聖嚴法師便是其中一位。他在世時，面對台灣近年經濟退化、治安惡化的種種現象，有人不安地問他，天會不會塌下來，我們會不會無路可走。他說，台灣最壞的情況都過去了，就算民國三十八年日子最難過的時候，所有的人都從最艱難的日子裡走過來了，天也沒塌下來啊！

是啊！台灣這個小小的島嶼曾從大風大浪與貧窮艱困中努力走過來了。如果大家願意多說好話、多做好事，提高自己的素質與生活的品質，那麼社會風氣自然會慢慢改善。

聖嚴法師又說，所謂好事不出門、壞事傳千里，現在媒體太競爭了，爲了收視率，各個媒體報導都競相報導一些負面的壞消息，會造成這種現象，媒體當然要負責，不過社會大眾也要負責，如果大家不愛看，壞新聞也不會如此盛行，不是嗎？

台灣的經濟、政策各方面的發展，雖然都有低迷混亂的情況，但這些都只是過渡而已，它們是可以被導正的，如果大家在檢討缺失時，不只是一味批評別人，也讓自己學習成長，懂得犧牲一點點自己的利益，來爲所有的人謀福利，不但改善自己，同時也幫助了別人。

如果愈來愈多人能在平日多做好事，多說好話，無論大事小事都以善良溫柔的態度面對，別老是同別人計較，社會風氣，自然轉好。

…………

馬克斯・比爾博姆：任何一個字的語音悅耳或者刺耳，是這個字的含義給我們帶來的錯覺，實際上「美」聽上去難聽的程度正與「醜」聽上去悅耳的程度相等。

…………

凡說之難：以至高遇至卑，以至治接至亂。〈非相〉

要勸人家最困難的地方是：用高深的道理來說服卑劣的人，用治世的道理來說服人解決混亂的局面。

戰國時代，趙國名將趙奢有個兒子名叫趙括，趙括讀過很多兵書，時常在別人面前談論作戰用兵之事，就連他的父親也無法阻止，許多人都認為他很有才能，不過他的父親卻不這麼認為，總覺得他無法承擔重任。

有一回，秦國企圖進攻趙國，當時趙國大將廉頗採用築壘堅守來抵抗秦兵，可是後來趙王聽信秦國散佈的流言，認為廉頗年老懦弱，無法抵抗強大的敵軍，改派年輕的趙括代替，當趙括到了前線，卻完全依照兵書上的教條辦事，改變廉頗持久抗戰的計劃。秦將白起聽到這個消息，高興極了，便施計截斷趙軍糧路，再把趙軍團團包圍，不久趙軍彈盡糧絕，後來趙括企圖突圍出城，卻被秦軍一箭射死，四十多萬的趙軍，一下子就完全被殲滅了。

這就是成語「紙上談兵」的來源，趙括運用兵書上的指導，卻無法戰勝敵軍，難道是兵書不佳？

恐怕不是，乃是由於趙括缺乏實戰經驗，不能夠活用戰術，才讓趙國最後戰敗。

有一套高妙的理論，或者有治世的準則，卻無法讓人信服，又是爲何？原因就如趙括「只能說，卻辦不到」一樣，卑劣的人無法活用理論，只能囫圇吞棗地操作，沒法兒眞正地改善局面，自然不能信服那理論有多好了。

…………

蘇霍姆林斯基：在你拷打一個有過的孩子之前，應該要確實知道你本身是不是那罪過的根源。

…………

談說之術：矜莊以莅之，端誠以處之，堅彊以持之，譬稱以喻之，分別以明之。〈非相〉

說話的藝術在於：用嚴肅莊重的態度來對待人，用正直眞誠的態度跟人相處，用堅強的信心來幫助人，用巧妙的比喻讓人了解，用分析的方法讓人明白。

美式幽默經常爲人所津津樂道，據說美國總統柯林頓有一回向他的女秘書說：「你這件衣服眞是漂亮，你眞是一位可愛的小姐，只是我希望你打文件時，能注意一下標點符號，讓你打的文件，像你一樣可愛。」

那可愛的女秘書對總統的這番話印象非常深刻，經常謹記在心，從此以後，她打文件就很少再出錯了。

美國是世界強國，而身爲美國民選的總統，柯林頓可以算是極有權力、地位的人，如果要擺闊氣、擺架子，別人也不敢說些什麼。不過，他卻以非常委婉的方式請別人改善缺點，這也可以說是他修養好、度量大的表現。假如他像一個大老闆似的向屬下大吼大叫：「你這個秘書怎麼搞的！連標點符號都搞不清楚，你到底會不會打字啊！」得到的結果，恐怕非但打字稿沒改善，背後還會出現很多閒言碎語吧！

有一句話說的不錯：「良言一句三冬暖，惡言傷人六月寒。」有許多人在說話時，往往因爲自己站得住理，對別人頤指氣使、惡言相向，原本可以好好談、雙方好言收場的事件，卻被弄擰了，弄糟了。

所謂：「得理饒人。」不是沒有道理的，多爲別人想一想，就算沒法兒「己之所欲，先施於人」，至少也得「己所不欲，勿施於人」，每個人都需要被尊重，給別人留面子，也是給自己留面子，職位有分高低，人可是不分貴賤的，人都有做錯事的時候，被善意的提醒，改進了自己，也會感激別人。

…………

戴爾·卡內基：「稱許要眞誠，讚美要慷慨。」這樣人們就會珍惜你的話，把它們視爲珍寶，並且一輩子都重複著它們。

…………

名足以指實，辭足以見極，則捨之矣。〈正名〉

名稱能夠反映實際的事物，辭句能夠表達自己要說的，這樣就夠了。

寫文章的人總會因爲沒有靈感，而陷入瓶頸，有的人坐著等待靈感，有的人出去找靈感，有的人翻遍了書，就是找不到靈感。靈感到底在哪裡？

我們是不是對自己的要求太多了一些？眞正肚子餓的人，不會再堅持一定要吃什麼山珍海味，只要白飯能止餓都能吃得津津有味，總不能說你再等一下，我去找了山珍海味來招待你，餓的人等你煮好早餓死了。

寫《背海的人》、《家變》的作家王文興，被稱爲「在時光中錘鍊文字的魔術師」，因爲他寫文章總是字字推敲，是國內少見有如此特殊習性的作家，他寫作時特別重視文字的音韻美，每次寫作時總會邊用鉛筆敲出聲音，還把家裡的桌椅都敲壞了。作家對於文字總是或多或少會有特殊的癖好，因爲他們追求的是文學上的美感。

往往我們面對一般人要他也寫點東西時，他們總會說文筆不好，不會寫或是不知道要寫什麼。但其實眞的沒那麼困難，網路上各式發表平台就提供了讓想寫的人一個寫的環境，有人寫詩、有人寫日記、有人寫小說、有人短短幾句話，或者當你開始寫了，會發現眞的不難，只要把心裡想說的化成文字也就夠了。

…………

葉斯帕森：語言的本質是人類的活動。

…………

強自取柱，柔自取束。〈勸學〉

太剛強則容易折斷，太柔弱則容易被約束。

這一句話，乍看之下，會以爲是荀子違反智慧財產權，抄襲了老子道德經裡「木強則折」的用法。荀子生在孔子、孟子、老子、莊子的後面，雖然沒眞正讓孔子教過，但也自稱是孔子的徒弟。這個能說出「青出於藍而青於藍」的徒弟，自然是有青出於藍的架勢。看起來像抄襲別人講的話，但其實內藏玄機，可是同中求異呢！

荀子提出了老子「堅強者，死之徒」的說法，但也很顯然不絕對的贊同老子所說「天下之至柔，馳騁天下之至堅。」的說法，而是在柔的方面提出自己的看法。過與不及都是不行的，太剛強是一定容易折斷的，那麼太柔弱也是不行的，是很容易遭到約束的。

老子一派遵從柔能克剛，柔才能佔上風的人可能會大聲驚嘆，這可是老子思想的精髓之一呢，豈可容你隨便顚覆。到底荀子還是儒家一系，深諳中庸之道，剛柔都是一種極端，太剛容易折斷這大家都知道了，但太柔又是怎樣的不好呢？

這裡我們當然只是誤讀老子「柔」的說法，目的只是要提醒大家，「柔」並不是軟弱，更不是沒個性，好脾氣，而是指心的柔軟，質的柔軟，不是閩南語說的「軟土深掘」的柔弱，一味的讓人爬到頭頂上了，自己還完全沒有反應的柔弱，在職場上你會因爲這樣的柔弱而讓人懷疑你的執行能力，在情感上你會因爲這樣的柔弱而成爲應聲蟲，沒有自己。老子說的「人之生也柔弱，其死也堅強」，說的不是個性的柔弱當爛好人，而是人之生，生命的柔軟。

…………

斯末萊特：古人說，到什麼時候辦什麼事，有時候要把石頭扔掉，有時候又要把石頭撿回來。

…………

血氣剛強，則柔之以調和。〈修身〉

脾氣剛強暴躁的人，就心平氣和的改變他。

董氏基金會曾經對大台北地區的民眾進行一項「怒氣」調查，結果顯示有一成半的人每天會生氣，有六成以上的人每週會生氣一次，另外還有六成民眾有生悶氣的習慣。一個人的暴躁易怒通常是有原因的，表面上看來好像只是一點小事，很讓人不解為什麼會有如此強烈的反應，但其實往往是積壓了很久的導火線被引燃罷了。

現代人講情緒管理，也就是所謂的EQ。因為講EQ，如果你表現得很暴躁，容易生氣就會被指責EQ很差，於是明明生氣但又不太敢明目張膽的氣出來，憋著、生悶氣等到回家了再罵老婆打小孩，這顯然又高明不到哪裡去。

小時候讀過一個小故事，說有一個很愛生氣的女孩子人緣很不好，有一天遇到一個老人給她一個小袋子，老人跟她說只要快生氣了就對著袋子把氣吹出來，女孩照著做，每當要生氣時就對著袋子吹氣，也因為不再亂發脾氣人緣漸漸變好了。不過，那個小袋子越來越大、越來越飽。直到有一天，女孩又吹氣了，袋子突然「啪！」一聲，因爲氣太多了終於撐不了再也裝不下就破了。

如果那個袋子是我們忍在肚子裡的氣呢？長期下來對身體的健康一定也會有影響。從董氏基金會的數據看來，生氣其實是一種常態，不發脾氣不代表就是好脾氣，但究竟要怎麼發脾氣，而不是摔盤子、打兒子、罵孫子，就需要靜下心來好好想一想。生氣的時候，應該是把氣紓解掉，找個沒人的地方大聲叫一叫，再不然上健身房跑步運動，找出自己調適的方法，才是眞正好的ＥＱ，而不是忍氣吞聲憋死自己就叫做ＥＱ好。

…………

歌德：譴責粗鄙無濟於事，因爲它絕不會改變。

…………

知慮漸深，則一之以易良。〈修身〉

比較有心機、深沉的人，就用坦率、忠直來要求他。

你是一個有心機的人嗎？網路上有一個從笑的方法就可以測出你的心機指數。那則心理測驗是這樣的：

有一個小朋友上國文課時想上廁所，就舉手跟老師報告：「報告老師！我要大便！」結果老師卻生氣的說：「怎麼用這麼難聽的字眼，不准去！」但小朋友太急了，就又舉手報告老師：「報告老師，我的屁股想吐。」聽完了小朋友的話，如果你是老師，會有什麼反應呢？

一是憋不住的噗嗤一笑。二、馬上狂笑。三、嘴巴遮住偷笑。四、不太想笑的冷笑。選一的人心機指數有百分之六十，表示你心地善良，常爲別人犧牲自己。選二的人心機指數有百分之四十，表示你很單純有擔當，不太因爲別人改變自己的想法。選三的人心機指數有百分之七十，表示你是個很悶的人，不輕易說出自己的想法。選四的人心機指數有百分之九十，表示你是個很有心機的人，是個厲害的狠角色。

我們對於有心機、城府深的人總是敬而遠之。但有心機城府深難道就代表不好嗎？歷史上以權謀、殘暴、奸詐聞名的曹操，在心機排行榜上第一名非他莫屬。但他卻在紛亂的三國時代完成統一北方的大業。在中國歷史上的群雄爭霸，領導者的性格特徵往往成為勝敗的關鍵，曹操被稱為「治世之能臣，亂世之英雄」，他之所以成為三國時代的英雄，那工於心計的性格無疑是發揮到了極致，但在歷史的功過，與人緣排行榜就見人見智了。很顯然的如果荀子認識曹操，一定不太欣賞他。

巴爾扎克：坦白直爽最能得人心。

勇膽猛戾，則輔之以道順。〈修身〉

勇猛暴戾的人，用循序漸進方式來訓導他。

《世說新語》裡有一個周處除三害的故事。晉朝周處年少的時候暴戾妄為，算是鄉裡的惡霸，不過為人還頗有俠氣，鄉民看到他都敢怒不敢言。在義興城的大河裡有一條蛟龍、山上那邊也有惡虎為虐，這一蛟一虎也常常危害到義興鄉民的安全，所以村裡的人在私底下都說蛟龍、猛虎跟周處是義興鄉的三大害，但是周處是三大害裡最可怕的一個。

鄉裡的人對這三害十分頭痛，有人就故意去跟周處說：「如果你是真的英雄，就幫鄉民除掉二害。」周處就先入山把猛虎殺了，接著跟蛟龍纏鬥了三天三夜，不見蹤跡，鄉民以為他跟蛟龍一起葬身水底，高興的慶祝義興鄉的三害終於都剷除了，但這時的周處殺了蛟龍準備接受鄉民的歡呼卻看到這種情形，才知道自己原來也是鄉民的大患。

這時，他才知道自己原來這麼讓人痛恨。從此痛改前非，後來還拜當時有名的陸雲為師，改過自新成為有名的忠臣孝子。

我們常常因為偏見而對一個人有主觀的成見，雖然我們常說：「江山易改本性難移。」但是有些人我們是需要給他機會的，就像在電影《刺激1995》裡被關了二十年的囚犯在假釋的面談時說的：「被關了二十年以後，當年那個殺人犯自己也已經不知道在哪裡了。」

希爾泰：動不動就憤怒，表示幼稚得還無法駕馭自己。

齊給便利，則節之以動止。〈修身〉

行爲毛躁的人，用以靜制動的方式來節制他。

大學的時候，有一門課的教授平時分數的依據是用出席率來衡量的。平常偶爾點名，被點到三次的就自動消失，不過有先請假的不算。還有就是自己算出席次數，在期末那一天由自己摸著良心計算出席成績。

於是期末到了，教授要同學自己跟他說自己的出席成績，算是課堂裡的對照記。同學一個個報出自己的成績後，輪到我一樣說出自己的成績，結果教授竟然冷冷的說：「你騙我，扣十分。」在大庭廣眾之下一聽教授這樣說簡直快把我氣炸了，當然是理直氣壯問心無愧再加上面紅耳赤的反駁，結果教授說：「強辯再扣十分。」我氣得想直接請教授乾脆打零分，士可殺不可辱。沉默了一陣子之後，教授竟然說：「那是騙你的，我這裡根本沒有記錄也沒扣分，而且平常只是抽點，怎麼可能會知道。眞是太年輕了。」我當場又是啞口無言。

教授的一個小小性格測驗，就讓我的缺點馬上暴露無遺，不但馬上就被激怒而且還很不理性，急躁的不先想想到底是怎麼回事，光只是生氣。那一次教授的測驗給我很大的震撼。或許我們會知道自己大概是個怎麼樣的人，但沒想到反應可以如此之大，那麼逞意氣之勇。如果今天遇到的眞是要故意激怒你或陷害你的人，不是馬上就著了他的道，吃虧的最後還是自己。

一動不如一靜，能以靜制動，才是能眞正了解狀況解決問題的人。

…………

W・W・戴埃：一旦你學會依照自己的選擇控制情感，你就踏上了一條通向「聰明才智」的道路。

…………

狹隘褊小，則廓之以廣大。〈修身〉

氣量狹小的人，就開闊他的心胸。

俗話說：「宰相肚裡能撐船。」但古今中外，有幾個宰相的肚子眞的撐得了船？肚子吃大的倒是有。天底下有肚子的人可眞多，但有肚量的人可就不多了；碰得上的算你運氣，碰不上的就算你福氣。

就氣量論人，不是氣量大就是氣量小，所以說碰得到氣量大的是你的運氣。大凡人要有恢弘的氣度實在是困難的，就連當皇帝都常常欲除心腹之患、趕盡殺絕連誅九族了，更何況是凡夫俗子，所以沒碰到氣量大的人，如今你還是健健康康的國民、活活潑潑的學生，都算死裡逃生，福氣一樁。

雖然一般人不是氣量都極狹小，但也都大不到哪裡去。常常我們會覺得這個人修養眞好、那個人小鼻子小眼睛沒肚量，而其實自己也好不到哪裡去。怎樣才能把自己那種鳥腸肚撐成大象肚？荀子說要開闊你的心胸。

開闊心胸當然不是要你去練健身把胸部變大，是要讓你的心眞的變大。

……雨果：世界上最寬闊的東西是海洋，比海洋更寬闊的是天空，比天空更寬闊的是人的胸懷。……

卑濕重遲貪利，則抗之以高志。〈修身〉

喜好鑽營小利、思想卑下遲鈍的人，就用遠大的志向來激勵他。

《西遊記》裡有個豬八戒，無人不知不曉他好色又愛貪小便宜，這樣一種性格，在《西遊記》裡總是成事不足敗事有餘，讓人又氣又恨的角色。怎麼會讓這樣的人去參與西天取經這樣神聖的任務呢？

當時年紀小，所以看電視版的西遊記時，只知道一邊看一邊罵，每次都是那個豬八戒闖的禍，卻要孫猴子來解救豬八戒，眞是太豬八戒了。有那麼多人可以去西天取經，爲什麼偏偏要找個有色無膽又好吃懶做的人去完成這樣的使命呢？

讀到荀子時，從小對豬八戒始終無法諒解的疑問總算找到了答案，而且讓人更加佩服荀子。怎麼說呢？一般人遇到豬八戒一定會說：「哎呀，這種人，牛牽到北京都還是牛，那豬還用說？豬牽到外太空去也不會變成不是豬，幹嘛浪費這種時間去幫豬八戒。」我想，在我們身邊你一定常常會遇到類似的豬八戒，尤其在職場中，更是不勝枚舉。通常我們對這種人除了只能搖頭，閃遠一點之外，好像也就僅止於此了。

悲觀的人不見得就是我們一般想的消極，反而會對生命呈現出一種更積極的態度。雖然荀子對於人性的一面看壞讓人很難招架，但他在生活裡反映出來的卻是更積極更有見地的一面。面對像豬八戒這種喜好鑽營小利，思想卑下遲鈍的人，荀子並沒有說：「切！你這個豬八戒，懶得理你讓你自己去自生自滅。」而是用遠大的志向來鼓勵他，要讓他積極向上努力，不對醜惡的人性放棄，而是每個人都有生存的價值，這才是荀子最終要告訴我們的。

…………

班傑明・惠奇科特：世界上最空虛的，就是那些滿腦子只裝著自己的人。

…………

庸眾駑散，則劫之以師友。〈修身〉

才能低下又散漫的人，就用良師益友來改造他。

在每個人的學習過程中，總會有幾個老師或是朋友是讓你怎麼也沒法忘記的，而且很有可能就是影響你一生的人。但這個影響卻不一定會是好的結果，很有可能是不好的。

才能低下又散漫的人，意志力就比別人薄弱，他可能找不到自己的目標在那裡，也可能不知道自己可以做些什麼事，他的行爲可能只是跟著人家走，別人說作什麼就作什麼。於是在學生時代，如果他遇到良師益友，可能會鼓勵他上進，讓他有自己的人生目標，或是能讓他跟著別人的腳步走，不至於整天遊手好閒不知道自己該做什麼，但如果運氣沒有那麼好，加上沒意志力，遇到了壞朋友當然也很容易就迷失，被賣了都還會幫人家數鈔票。

人總是需要被激勵、被鼓勵，而且也都需要朋友的。如果你還記得小時候常跟同學吵架，最後總會被撂下狠話說：「我不跟你做朋友，叫大家也不要跟你做朋友。」通常在不久以後，就會有一個小朋友躲在陰暗的角落，沒有人跟他一起玩。

馬斯洛（Maslow）提出人的需求共有五個層次，其中一個就是「愛與歸屬感」。人期望在人與人間感受到愛與認同歸屬的感覺，在團體中被認同的感覺可以讓人產生動力，自覺的力量才是改變一個人最大的力量。良師益友除了有潛移默化的效果，但更重要的是讓散漫的人因爲自己被認同而找到了自己的自覺，才能眞正的化被動爲主動。

凱里：每個人在某些時間可能是一個蠢才，但沒有一個人在所有時間裡都是蠢才。

怠慢僄棄，則炤之以禍災。

〈修身〉

容易懈怠、輕浮又自暴自棄的人，就說明事情的嚴重性來讓他明白。

愚公要移山，有人笑他，怎麼可能，別傻了。遇到不可能的任務或是比較困難的事你第一個想法是什麼呢？

不可能？可能？

樂觀的人姑且一試，悲觀的人連試都不試，就先打退堂鼓，說服自己：「啊！不可能的啦，浪費時間。」

眞的不可能嗎？

人類第一個踏上月球的阿姆斯壯還沒說出：「這是我的一小步，卻是人類的一大步。」之前，應該也是沒人相信人可以上太空的吧，尤其聽過嫦娥奔月的人更不願意相信。想想看如果那些深信月亮上有嫦娥的古人知道了每年中秋節是騙人的，不知道會有什麼感想。不過，也是有太空迷成立網站說當年阿姆斯壯登陸月球是騙人的。

我們常常可以看到家長要小孩做或不做什麼事的時候都會用恐嚇的，比如說：「你飯再不吃完就不帶你去玩。」或者是：「你玩具再亂丟就全部丟掉。」如果家長執法甚爲嚴格，說得到做得到的時候，小孩子通常會體認到事情的嚴重性而去完成你要他去做的事。這麼說來，容易懈怠、輕浮又自暴自棄的人，荀子就是把他當小孩子來看待，才會用恐嚇的方法來讓他積極振作，把該做的事情做完，或是把事情做與不做的嚴重性告訴他，讓他自己去衡量，到底該怎麼選擇，然後爲自己的決定負責。

法布爾：絕不可自暴自棄，……開步走吧，只要走，自然就會產生力量！

愚款端愨，則合之以禮樂，通之以思索。〈修身〉

單純樸實、誠實敦厚的人，就使他的言行符合禮樂，開導他的思辯能力。

單純樸實、誠實敦厚的人不會想去傷害人，而且善良、信任別人。但是俗話說的好：「人善被人欺。」也有人講「軟土深掘」，當爛好人的結果，只會讓人爬到頭頂上，就是擺明了好欺負。這麼看來，荀子眞的很雞婆，壞的他要提醒你，好的他要擔心你，眞的是苦口婆心，但他肯定是個刀子口豆腐心的人，才會講話這麼讓人不愛聽。

並不是說單純質樸、誠實敦厚是不好，而是這樣的人會很容易受傷害，甚至有可能因爲這樣被利用，而讓自己身陷危難當中。「害人之心不可有，防人之心不可無。」因爲我們永遠不知道將會遇到什麼樣的人，雖然不用這麼過度把所有人當壞人，但是也不用這麼過度的把所有人都當好人。單純樸實固然好，但能有思辨能力就更好。

小孩子的世界是單純的，對人沒有防範能力，但是又常常發生失蹤兒童的案子，小孩子因爲不知道壞人的世界，所以很容易被拐走。大人這時總會耳提面命的跟小孩說：「有不認識的叔叔阿姨拿東西給你，或是要帶你去玩，都不能拿也不能去喔，不然就再也看不到爸爸媽媽。」對於沒有防範能力的小孩子我們僅能用這種方式去預防，我想，這也是最無奈但至少不失爲預防之道的一個好方法，在他懂得了保護自己，知道世界是怎麼回事之前，只能這樣了，不是嗎？

對於愚款端愨的人，荀子以爲就該先像小孩子那樣，先教他一套生存法則，之後再等他慢慢長大。

…………

巴爾扎克：要在這個世界上求生存，光做一個誠實的人是不夠的。

…………

言而當，知也；默而當，亦知也。

〈非十二子〉

該說話的時候說話，這是智慧；該沉默的時候沉默，這也是智慧。

中國古籍《戰國策》裡，曾經記載一個小故事。話說齊國宰相在主公所賞賜的土地上，建了一座高聳的堡壘，這樣的舉止引起主公的不滿，所有的人都勸他趕快停止建築堡壘，可是這個宰相，卻依然我行我素，繼續建築堡壘，如果有人進言，他便大動肝火，宣稱誰要干涉就要砍誰的頭，幾乎不把王室的憤怒放在眼裡。

這時有個年輕的官僚站了出來，他的官位太小了，宰相對他一點印象也沒有，那個年輕人說：「我只說三個字，如果我多說了一個字，您就殺了我吧！」心高氣傲的宰相對他的話感到好奇，便同意讓他說出來。

於是，這個年輕人說：「海、大、魚」三個字，便轉身離開了。

宰相聽了實在不瞭解，硬要他留下來，於是他解釋自己的意思是：「大魚雖難以捕捉，卻不能沒有海水而生存，大魚就是您的城堡，而齊國就是大海，脫離了國家，您的城堡建得再大，再堅固，也是沒有意義的。」這是以一句簡單的話來扭轉局勢。

但有時候，最好的表達方式是沉默，一句西諺說：「適時的沉默是智慧，勝過任何雄辯。」我們有時候會爲了一個目的而展開長篇大論，但效果不彰，如果對方對話題明顯不感興趣，那麼最好在對話開始之前，利用沉默吸引對方的注意力，就像教室裡一片嘈雜，不管老師不斷地喊「安靜，安靜，不要講話，全都閉嘴……」都無濟於事。但如果老師立即保持沉默，什麼話都不說，孩子們就會覺得奇怪，而將注意力轉到老師身上，對付太聒噪的小孩，這也許是個不錯的方法。

笛卡兒：僅僅具備出色的智力是不夠的，主要問題是如何出色地使用它。

論知所貴，則知所養矣；事知所利，則知所出矣。〈君子〉

去討論什麼是重要的，就會知道要汲取什麼法則；去了解什麼是有利的，就會知道應該去做什麼。

從小到大，隨著身分的不同，我們常常會有很多會要開。當學生有班會跟週會；當上班族有檢討大會跟年會；當立委的有立法院會。總之，不管你做什麼的，總是會有一堆會要開，就連當情侶也要約會，當庄腳的也要跟會，當神的有廟會，當偶像的也有演唱會，眞是會會相連到天邊，中華民國萬萬會。

話再說回來，那麼多會，到底都在開什麼會？開得精采、開得漂亮、開得熱鬧滾滾、開得鑼鼓喧天、開得阿母招阿爸樓頂招樓腳、開得昏天暗地、開得有聲有色、開得萬眾矚目，就是沒有開得舉國歡騰、開得賓主盡歡、開得相看兩不厭。

常常我們會發現很多會沒有結論只有討論，沒有方法只有問題，沒有決策只有反對，沒有共識只有妥協。一遇到開會，好像世界上所有最複雜最困難的事情都發生了，所以常難有什麼解決之道，更難有什麼共識或結論。而我們往往在面對自己人生的選擇時也是這樣的，太多的選擇往往會讓人迷失，不知道自己要什麼。我們可能因為一些外在的因素，而影響了我們的選擇，但在選擇的過程裡，我們到底該依據什麼作決定，才不致於讓自己在將來悔不當初。

把握大原則大方向總是不會錯的，事情來的時候，先去看最重要的是什麼，而不是先有喜好先有立場，然後再從重要的原則中去找出什麼是對事情最有幫助而且有利的，所謂「兩害相權取其輕，兩利相權取其重。」把握重要的再去分析利弊得失，看來決定也不是一件頂困難的事，但怎麼總是看到一堆人在電視機前吵吵鬧鬧呢？

…………

福布斯：做正確的事情，把事情做好，立即做。

…………

人生不能無群，群而無分則爭。〈王制〉

人不能沒有團體生活，但是團體裡沒有等級名分的差異就會產生爭奪。

西元一八一八年五月五日，歐洲普魯士帝國誕生了一個改變世界的哲學家，卡爾．馬克思（Karl Marx）。他在二十歲時就讀於波昂大學，但卻過著嬉鬧無度，荒唐揮霍的日子。終於他的父親受不了，要他轉往柏林大學就讀，自此以後，卡爾．馬克思遇見了他生命中的最重要的兩個人物，哲學家——黑格爾。

馬克思在畢業後沒多久，便展開了他流浪異地的人生，這是因爲他提出經濟決定本質的歷史觀點，使哲學思想產生大震動。爾後，共產主義的理論基礎也孕育而生，同時，在世界各地飄泊的馬克思，是一位共黨理論專家，也是最有行動力的革命家。

馬克思看到了資本主義對低層人民的剝削與奴役，看到了階級的對立。於是，他號召工人聯合起來，組織工會，「要把資本變成公共的、屬於社會全體成員的財產」。他一生奔波，後來與恩格斯組織共產國際陣線來對抗資本帝國主義，馬克思並沒有完成他的共產志命，一直到列寧及毛澤東出現後，馬克思的共產主義思想才逐漸被付諸實行。

但他的主張卻被過度施行了。紅色共產將人民私產加以沒收，變成統治者的財產，所有的封建思想都要被「打倒」，所有階級都必須攤成「平等」，人性逐漸扭曲成仇恨、對立；醫師可能要掃廁所、教師可能被學生痛打，拯救社會的是一群懵懂的兒童。人的榮譽感與尊嚴被推翻、破壞，卻無人重建！

唯一有特權的是統治集團，他們更無情、更殘酷地奴役人民，在「理想」的共產社會裡，卻讓「人」變得更原始、更野蠻、更鬥爭。

…………

馬克吐溫：「需要」不認識任何的「法律」。

…………

隆一而治，二而亂。〈致仕〉

一個國家或家庭，只有一個權威才好管理，如果同時有兩個權威就會造成混亂。

所謂權責，其實權與責是一體兩面的東西，權力大的人責任自然就沉重，權力小的人責任自然就較輕，權力是明顯的，人人可以見的，但責任是不明顯的，往往只有擔付者自己承受。

一個公司裡權力最大的是誰呢？自然是董事長，他有大權在握，身邊隨行眾多，一呼百應，十分風光，可是這風光的背後隱藏著許多職責也是重如巨石的，公司的營運、業績，職員背後的整個家庭等等，都是他的責任，如果公司經營不善、宣告倒閉，負債累累，甚至可能淪爲階下囚，更甚者是公司職員的家庭的生活經濟連帶受累。

如果是一個小工人，生活可就輕鬆多了，職位小、權力小、事情小、責任小，一人吃飽，全家不餓，那日失業了，還好，只要爲自己的家庭想辦法。

所謂樹大蔭大，故而不必一味羨慕別人位高權重（樹大），因爲別人的責任與壓力（蔭大）不會比較小。

林肯：一個人一旦停止不前，對自己的事業才能滿足起來，不久他將發現自己在不斷進展的時代巨輪下被推到後面去了。

兼服天下之心：高上尊貴不以驕人，聰明聖智不以窮人，齊給速通不爭先人，剛毅勇敢不以傷人。不知則問，不能則學，雖能必讓，然後為德。〈非十二子〉

讓別人對你心服口服的方法是：地位高尚身份尊貴但不因此驕傲輕視別人；不因為聰明才智而使人難堪；口才流利，反應敏銳而不因爲這樣要搶鋒頭；剛毅勇敢卻不因此傷害人。不懂就問，不會就學，雖然有才能卻又謙遜，這才符合有規範的品德。

〈麥帥爲子祈禱文〉中提到：「主啊！請陶冶我的兒子，使他成爲一個堅強的人，能夠知道自己什麼時候是軟弱的；使他成爲一個勇敢的人，能夠在畏懼的時候認清自己，謀求補救。使他在誠實的失敗中，能夠自豪而不屈，在獲得成功之際，能夠謙遜而溫和。」

人們常因成功而沾沾自喜，卻難以接受失敗的痛苦，但人若能誠實地接受自己的軟弱，才能成爲眞正的勇者，接受外界的挑戰是爲了認識自己的實力，輸贏不過是表面的結果，只要能盡力而爲，對自己就是一種成就。獲得成功固然值得歡欣快樂，但如果顯得驕傲、到處炫耀，不但得不到別人的讚許，甚至可能遭人鄙夷，要知道「人外有人、天外有天」，飽滿的稻穗都是低垂的、滿水的杯子無法再容納任何東西，恃才而驕是萬萬不可的。一個人眞正値得榮耀的，並不是表面上的成功，而是付出的努力。

他又說：「請賜給他謙遜，使他可以永遠記住眞實偉大的樸實無華，眞實智慧的虛懷若谷，和眞實力量的溫和蘊藉。」其實，沒有經歷過挫折的人是難以獲得成功的，即使能少年得志，也很可能會因爲心高氣傲而跌跤，磨練是讓人從經驗中吸取教訓，爲別人也爲自己思索處事態度，要領導他人以前，得先能駕馭自己，就如中國話說的：「反求諸己」。

最後，麥克阿瑟將軍寫到：「在他把以上諸點都已做到之後，還請賜給他充分的幽默感，使他可以永遠保持嚴肅的態度，但絕不自視非凡，過於拘執。」一位父親愛與智慧，對孩子的期許與教導，在這篇祈禱文中全都展露無遺了。

蒙田：確切的人生是：保持一種適宜狀態的與世無爭生活。

卷六

打開天窗看世界

要不斷地學習，不可以停止。

學不可以已。〈勸學〉

要不斷地學習，不可以停止。

這是《荀子》裡開宗明義第一篇〈勸學〉裡的第一句話，簡潔有力，毫不拖泥帶水的肯定句。「學不可以已。」說得再白話一點，就是不可以停止學習。荀子這句話的用意還不只在此，簡直就有當年臨濟請教禪宗高僧黃檗禪師何謂佛法，黃檗禪師一棍棒朝臨濟的頭打下去那樣的氣勢。

學習爲什麼那麼重要呢？這裡的學習絕不只是我們所想到的上學校、上補習班那一類知識或技能的學習。這裡的學習，指的是心持續不斷地學習狀態。只有心敞開，保持在學習的狀態，所學習的東西才能眞正的進入生命。

保持在持續不斷地學習狀態需要有一顆很警醒的心。因爲人常常會畫地自限，有句廣告詞是這樣的：「沒有知識也要有常識，沒有常識也要看電視。」二十一世紀的今天，使用電腦已經列爲現代人的基本常識了，姑且不論科技跟人性的關係，但是電腦的普及是必然的現象，網路的應用是必然的趨勢。但相信還有很多人因爲用不到、不懂電腦，甚至說那是年輕人的玩意而拒絕去學習。

為了避免學習而去編織了太多的理由，其實是顯示自己的意志是不願去學習的。還是句老話「學如逆水行舟，不進則退。」道理人人都懂，能做到的畢竟不多。學習是心態的問題，而不是先天不足的問題，荀子說：「挺直的木頭，把它彎曲，都可做成車輪，即使以後木頭曬乾了，也不會再恢復原狀，這是因為把木頭加工了才變成這樣。」你會比自己想像的還有更多可能，「學不可以已」。

歌德：智慧最後的結論是：生活也好，自由也好，都要天天去贏取，這才有資格去享有它。

古之學者為己，今之學者為人。〈勸學〉

古代的人學習是爲了培養自己的德行，現代的人學習是爲了向人炫耀。

從荀子的年代，就已經開始有了這種現象，可見，功利主義的學習心態由來已久，可不是只有我們現代人才功利的喔！到底時代不同了，眞的還有人學習不是要拿來炫耀的嗎？不過，說炫耀可能太過了，現代人愈來愈強調專業、證照制度，學了就是要拿來吃飯的傢伙，考過了就是要給人家看的證明，難不成還要曖曖內含光，等人問了再拿出來給人家看嗎？

就學習的心態上來看，荀子說，有君子之學，也有小人之學。君子的學問，是用耳朵聽進去，放在心裡記起來，然後所學的都在舉手投足之間呈現；說話謹愼、行動不魯莽，一言一行都可以成爲別人效法的榜樣。小人的學問，也是用耳朵聽，但是馬上就從嘴巴出來，還沒經過消化吸收的東西，只不過是說了別人的話，把別人的東西變成自己的。

要顯得自己很有學問的方式很多，但通常我們看到的是淘淘不絕的說自己有多厲害、認識多少人、擁有多少的證照、出自哪所有名的學校？學問、做人處事是可以說得出來的嗎？更多的人倣效古人「天下文章一大抄」的原則，不但剽竊，還公開發表；不但公開發表，還反咬原作者抄他的。這種現象，如今更蔓延到網路上，每天我們收到大量轉寄的信，但從來都沒有看過原作者的名字。一個電腦上小小的按鍵，轉寄人隨手就寄，再不就乾脆貼在網路上也不註明轉載，就當成自己寫的了。

雖然這是個頭銜掛帥的時代，但眞正的學者，一定讓人如沐春風。

歌德：人不光是靠他生來就擁有的一切，而是靠他從學習中所得的一切來造就自己。

不可學、不可事而在人者，謂之性；可學而能，可事而成之在人者，謂之偽。〈性惡〉

沒辦法學又不能靠人為而成，是天生就有的，就叫做本性。可以經由學習而了解，經由人為而改變的就是後天。

人雖然要有自信，還要勇敢作自己，但是，或多或少，總還會有一些些微弱的聲音告訴你，如果哪裡能再好一點，或是哪裡能再怎麼樣一點應該就更好了，當然也會有一些是你明明知道但怎麼也改不了的。

如果荀子在現代，除了是教育改革者，也是行銷企畫專家，看來他早就看好整形減肥是一定會熱門的產業，所以早在我們都還沒出生時就提示我們要注意人為的改變。不過，我們這些後代子孫倒也爭氣，表面上說要自己走自己的路，但實際上倒也把老人家的話聽進去了，不然你看看現在整型、美容、塑身、健身中心哪一個不是標榜著「Trust me. You can make it.」不管先天再怎麼不良，只要有信心、有毅力、有信用卡，不管是流血、流汗、還是流淚，你也可以是「最佳女主角」。

每個人或多或少都會有一些先天的限制，要跟先天身體有殘障的人比起來，五體都滿足的我們該已經是幸福的。或者，我們不過是比別人反應慢了一點、笨了一點，或者每個人都有不爲人知的陰暗面，但是改變的信念才是重要的，二十一世紀的今天，連韓國美女河莉秀都能從男人變成女人了，還有什麼是不能改變的呢？

…………

巴爾扎克：人生最美好的主旨和人類生活最幸福的結果，莫過於學習。

…………

積也者，非吾所有也，然而可為也。

〈儒效〉

習慣也不是生下來就有的，但是可以靠學習而養成。

一個有能力控制自己情緒和行爲的人，是心理健康的基本指標，一般而言，兒童的自我控制能力是較差的，他們不善於控制自己的行動和願望，通常會爲了玩具或甜食而做一些情緒性的行動。兒童的情緒控制力其實和他的環境有密切關係，如果身邊的大人經常溺愛他、遷就他，任其耍賴，那麼任性自私的小皇帝、小公主就這樣孕育而成了，因爲在大人的溺愛下，兒童已經失去了情緒控制能力。

學習如何控制自己，是兒童成長的基礎課題，一個兒童能夠培養出堅定的意志，才能成爲出色的人才，否則他長大之後，就非常有可能變成不堪一擊的草莓族，如果一個兒童沒有情緒控制力，他的任性、自私，自以爲是，非常容易影響這名兒童的人際關係發展，造成他日後的性格偏差。

要如何培養兒童的自我控制力呢？首先是要培養他良好的生活習慣，比如準時起床、準時上床、不偏食、挑食、公德心、不可以侵佔別人的利益等等。再來就是幫助兒童學會判斷自己的行爲。要讓兒童知道道理，讓孩子知道該如何做，並且倚靠道理來判斷自己的行爲，然後開始約束自己不要去做不該做的事情。

最後也是最重要的，就是父母長輩要起榜樣的作用，因爲兒童善於模仿，易受感染，因此，長輩必須在現實生活中提供的良好榜樣，引導出兒童以公平正義的態度處事、克服困難的良好習慣。

…………

約翰遜：偉大的工作，並不是用力量，而是用耐性去完成的。每天走三個鐘頭的人，七年內所走的道路等於地球的圓周。

…………

夫道者，體常而盡變，一隅不足以舉之。〈解蔽〉

道理的本身是不變的，但能順應所有事物而變化，只有一方面是不能涵蓋全部道理的。

道理本身的確是不變的，但人卻需要順應時勢而改變。我們看看古今中外的經典，如今屹立不搖的仍然是古人的智慧。在西方是聖經、在東方是老莊論孟還有佛教典籍，所謂的經典，總是代代流傳，但卻萬古常新。

任何思想的流傳，其實是爲了順應時代的需要，時代需要什麼，智慧就會轉化成屬於那個時代的樣貌。胡適有首〈夢與詩〉這麼寫到：

「都是平常經驗／都是平常影像／偶然擁到夢中來／變換出多少新奇花樣」

「都是平常情感／都是平常語言／偶然碰著個詩人／變換出多少新奇詩句」

「醉過才知酒濃／愛過才知情重／你不能做我的詩／正如我不能做你的夢」。

千古以來，人的感情、人的困惑其實沒有太大的變化，有變化的只是隨著新時代的環境而有不同的作用力。我們看歷史，總是天下大事分久必合合久必分；我們看文學，總是載道派跟言志派互相流轉；我們看時代，總是浪漫跟古典交替氛圍。雖然我們看到實質上的變化，但最原始本質的精神卻是沒有變的，那就是眞理。

眞理會隨著時代日新月異，因爲時代不同、環境不同、人心的需求也不同。以前孔子講：「唯女子與小人難養也。」現在女權主義高漲，當然不能放在現代來一概而論，但如果我們看成是一個男性的觀點來解讀，他呈現的也是一種面相，代表的其實是男性立場對女人的實質心聲吧！

…………

列夫・托爾斯泰：在過去、現在和將來都永遠是美好的東西，那便是眞理。

…………

夫樂者，樂也，人情之所必不免也，故人不能無樂。〈樂論〉

音樂是人感情歡樂的表現，這是人的感情裡不能避免的，所以人不能沒有音樂。

世界共通的語言，其實不是我們大家拚命要學的美語或英語，而是音樂。只有音樂沒有國界，同樣的音樂，可以感動不同國家的人，因爲音樂裡必有專屬於人的共同情感。

在音樂史上就有一宗「國際音樂奇案」，有人因爲聽到那首由匈牙利作曲家魯蘭斯．查理斯創作的《黑色的星期天》，而接連不斷地發生自殺事件。在比利時的酒吧，有一名匈牙利青年聽完後一仰脖子喝光了杯中酒，掏出手槍朝自己太陽穴扣動扳機「砰」的一聲就倒在血泊裡。而調查的女警找不出青年自殺的原因，就去買了《黑色的星期天》來聽，結果，也留書說「局長閣下，我受理的案件不需要再查了，兇手就是樂曲——黑色的星期天。我聽這首曲子時，也忍受不了那悲傷旋律，只好謝絕人世。」

美國紐約市一位開朗活潑的女打字員好奇地借了這首樂曲的唱片回家聽。第二天人們在她房間發現她已自殺身亡，唱機上正放著那張《黑色的星期天》的唱片。在華盛頓，鋼琴演奏家接到她母親車禍身亡的長途電話，鋼琴家為母親演奏《黑色的星期天》以示哀悼。演奏完畢，便由於過度悲傷，導致心臟病發作而撲倒在鋼琴上，再也沒有起來。義大利米蘭，一個音樂家不相信《黑色的星期天》會造成如此嚴重的後果，便試著在自己客廳用鋼琴彈奏了一遍，竟也死在鋼琴旁。由於自殺的人越來越多，美、英、法、西班牙等國家電臺召開了一次特別會議，號召歐美各國聯合抵制《黑色的星期天》。

這是音樂史上的的奇案，當音樂家寫出了音樂的靈魂，人就只能跟著靈魂走。

…………

蘇格拉底：音樂和旋律，足以引導人走進靈魂的秘境。

…………

不登高山，不知天之高也；不臨深溪，不知地之厚也。〈勸學〉

不爬到山頂，就不會知道天究竟有多高；不走到山澗溪谷，就不會知道地究竟有多厚。

荀子雖然是古人，但智慧卻絕對是超越時代的，不但如此，荀子還是個喜歡遊山玩水的人。怎麼說呢？這句話，到最後其實只是要說如果不去聽前人所遺留的思想智慧，就不會明白眞正的學問有多大。不過，荀子卻用了很巧妙的比喻，讓人一眼就明白他眞正要說的是一種眞實的感受與體會。

記得電影《心靈捕手》裡，麥特戴蒙是一個桀驁不馴的天才，他認爲所有的學習都可以靠自己，所有他想知道的東西都可以從書裡去獲得。但當時擔任他心理輔導的老師跟他說：「你雖然可以從書裡得到你想要的知識，但那也只是知識，你無法從書裡去獲得眞正的感覺，眞正的感覺必須靠你親自去體驗。」

拜網際網路之賜，現在已經是一個眞正「秀才不出門，能知天下事」的時代。從網路上的虛擬實境或是現場的3D影像，幾乎都能讓我們有身歷其境的感覺。但是，這些畢竟都還是模擬的，坐在電腦前是無法感受眞正面對遼闊的海時，心的舒緩、呼吸的舒暢還有海風的味道。有些感覺必須親身去體會了，回憶起來才有眞正的味道。

雖然荀子要說的是學習前人廣博的智慧，卻用了上山下海的比喻，讀起來好像還有點不搭軋，不過，從空間裡的學問穿越到時間裡的學問，也只有荀子有辦法跨越開來。要了解荀子眞正要說的是什麼，其實很簡單，只要在段落裡尋到了以「故」字爲開頭的句子，那便是荀子眞正要說的話，這倒是閱讀荀子的一點點偷機的方法，不信？你瞧瞧就知道了。

拉季謝夫：在知識領域中，攀登得越高，視野就越開闊。

真積力久則入，學至乎沒而後止也。〈勸學〉

學習要日積月累，才能深入，沒有一刻停止學習，才能有所成。

這句話大家一定都耳熟能詳，不過，出自荀子大家一定不太清楚。這會兒可就知道了這句千古明訓，原來是出於那個我們都知道說性惡的荀子，以後可別再說是古人說啦！

任何的學習都要下功夫，也都要不斷地努力，日積月累。沒有一步一腳印，就不能到達千里遠的地方；沒有細小的水流，就不能匯聚成江河大海。千里馬再怎麼會跑，也沒法子一次就跑十天那樣的遠，不好的馬跑得再怎麼慢，跑十天也是可以有千里遠，這都是因爲不在原地停頓的關係。

很多人總嚷著說英文很重要，一定要把英文學好，所以下定了決心訂雜誌、報名補習班、訂語言教學帶，總之，就是把學英文該準備的都準備了，就是差那臨門一腳。往往都是雜誌一期一期的來，就一期一期的堆。補習班呢？剛開始去了幾次，但後來常常因爲天氣不好啦！太忙了啦！等等藉口把補習費免費奉送。即使是教學帶那就更有可能整箱都原封不動，還打算要整箱退還？在學習上，我們永遠都是處在準備要學習的狀態而不是開始學習。

你準備好要學了嗎？那就開始吧！再準備下去，永遠都在準備。一旦開始了，也不要因爲一開始沒有效果，就覺得不可能學得會。學習是不能貪心的，但要有恆心，如果一天就只背一個英文單字，那一年也背了三百六十五個單字，比起三天捕魚兩天曬網的背法，還更加的能眞積力久則入呢！

…………

巴斯德：告訴你使我達到目標的奧秘吧！我唯一的力量就是我的堅持精神。

…………

學也者，固學止之也。〈解蔽〉

學習要有一定的目標和限度。

學習對我們而言常常是被動式的。小時候，被媽媽押著每天要彈幾個小時鋼琴，上課回來又被押著寫功課，考試到了被押著唸書，考不好了被押著打屁股，放學後被押著去上英文，就連寒暑假也被押著去上才藝班。父母爲了不讓孩子輸在起跑點上，東押押，西押押，這裡也押，那裡也押，壓得小孩子的學習模式變成被動教條式，有交待什麼才作什麼。

有句廣告語是：「讓孩子自然而然習慣兩種語言。」這句廣告詞要強調的就是——學習應該是自然的習慣，而不是被動式的壓迫學習。學習是要主動而且有計畫的，不是漫無目標的學，這樣學起來一點成就感也沒有。

學習就像射箭一樣，如果沒有箭靶，那箭該往哪裡射？學習也是一樣的，沒有設立目標，這裡學學那裡學學，尤其一下子上上這個才藝班，一下又換另外一個，到最後學到的也都是皮毛。

蒙田：靈魂如果沒有確定的目標，它就會喪失自己，因爲，俗語說得好，無所不在等於無所在。

學也者，固學一之也。〈勸學〉

學習要專心一致，貫徹到底。

學習有五到：眼到、耳到、口到、手到、心到。這心到，就是說要專心。除了這五到之外，最重要的是能貫徹到底。

荀子說如果射箭射了一百次，雖然只有一次不中，那樣就不叫做會射箭。打算騎馬跑千里遠的路，但只要還差半步，就不算會騎馬。知識無法融會貫通，又不能徹底做到仁義，那樣也就不能叫做會學習。學習應該是要一心一意的，要學通了，而不是只敲敲門就走了。一會兒學這個，一會兒學那個，一般的人都是這樣在學習，這樣的人多，而眞正能貫徹堅持的少，在學問的路上，只有眞正能一心一意貫徹到底，又能融會貫通的人，才是一個好的學者。

大學聯考選塡志願的時候，常常我們塡的不是自己喜歡的科系，而是現在最熱門的科系。社會的現象通常都是流行什麼，就一窩蜂的跟著流行，因爲跟風，將原來的供給過度的擴張，經濟學上當供給量大於需求量的時候，就會開始出現價格下跌的現象，價格下跌造成惡性競爭，利潤縮小，經過市場機能的自然淘汰，競爭不過的被迫退出供給市場，然後原先的供給規模縮小，恢復了供給與需求合理的平衡關係。繼續留在供給市場的，當然就是具有競爭優勢的供給者。

然而，你具備了這樣的競爭優勢嗎？還是你也只是一個半途出家的和尚呢？在進入各個領域裡，都必須有固學一之的心態，否則，很快的就會遭到市場無情的淘汰。

…………

門捷列夫：沒有加倍的勤奮，就既沒有才能，也沒有天才。

…………

學莫便乎近其人。〈勸學〉

最簡單的學習方法就是去接近良師益友。

在人的一生中，不是每個人都能幸運的擁有良師益友。唐代的劉禹錫在〈陋室銘〉一文說：「談笑有鴻儒，往來無白丁。」談笑之間都是有學問的人，沒有知識的人也不會有來往。這好像看起來很勢利的感覺，讀書人有什麼好跩的呢？何必這樣自抬身價呢？

不過劉禹錫這篇〈陋室銘〉可是其來有自，怎麼說呢？劉禹錫參加政治革新運動而得罪了當朝權貴，被貶到安徽和州當通判。和州知縣策某是一個很勢利的小人，看到被貶的劉禹錫就瞧不起他，原來應該是住在衙門裡，就安排他住在縣城南門的江邊。劉禹錫也不跟他計較，寫了一副對聯貼在門口「面對大江觀白帆，身在和州思爭辯。」策知縣存心找碴，又把他調到城北門，房子還從三間縮小到一間半。劉禹錫還是沒什麼反應，不過又寫了一副對聯「楊柳青青江水邊，人在歷陽心在京。」策知縣見他不為所動，簡直氣壞了，又把劉禹錫調到城中，而且這次只給一個小房子。半年時間，連搬了三次家，劉禹錫這會兒可也不甘示弱，憤然提筆寫了〈陋室銘〉，還請人刻在石頭上，立在門前。

劉禹錫自抬身價原來是因爲要防止小人再來騷擾。不過，這二退一進之間，倒也不失文人風骨。人是生活出來的，而不是說出來的。要能判斷是不是眞的良師益友，就是要去接近他，看他怎麼生活。社會裡，說一套做一套的人太多了，尤其是像我一樣寫書的。盡信書，不如無書；盡信人，不如近其人。

……………

漢弗萊．沃德夫人：每人都會留下一個故事，這個故事比他想像的更美。

……………

學之經，莫速乎好其人。〈勸學〉

最快速的學習途徑就是親自請教良師益友。

學習有很多的方法，但要找到適合自己的方法才能事半功倍。不過，有時候前人的經驗談可以省去多走的冤枉路，事半功倍，豈不是更好嗎？

關於請教良師益友一事，最有名的當然就是孔子的「入太廟，每事問。」博學如孔子，進到太廟裡，不懂得也多著呢！這時候總不能說要再去上網找圖書館了，當然最快的就是問人囉！往往我們都把開口問人當作是不如人，好像自己不知道很丟臉一樣，這下可好了，我們有孔子作開路先鋒，他不但問了，還問得眾人皆知，不過也當場被奚落一番，「不是說孔子很博學多聞很知禮的嗎？怎麼一進來廟裡什麼都不懂，什麼都要問。」沉不住氣的人一定當場羞紅了臉，感覺自己被人家給污辱，還被看不起，那人敢情是衝著我來的。縱橫學術界第一把交椅的至聖先師孔子，這時候可不是輕易這樣就被人家給考倒了，他氣定神閒，一個廢話也不多的說：「這就是禮！」

因為不知道禮，才要問，雖然說不知者無罪，但能在自己還沒有失禮之前，先問了有哪些禮數，免得因爲不知道而失了大禮，那豈不是更讓人笑話。這樣看來，誰才是眞正有智慧的人呢？當然非孔子莫屬了。知之爲知之，不知爲不知。不懂的就別裝懂，否則被拆穿了西洋鏡，豈不是更尷尬。況且，誰能眞正上通天文下知地理，無所不知呢？不知道是正常的，放心的問吧！

歌德：才能不是天生的、可以任其自便的，而是要鑽研藝術、請教良師，才會成材。

故學也者，禮法也；夫師以身為正儀，而貴自安者也。〈修身〉

學習的目的就是要學習禮法，所以當老師的要能以身作則，自己也能安心按著禮法去做。

不用說老師了，就算是平常人也都是說的多做的少。道理人人都懂，但是能身體力行的實在需要更大的意志力。所謂人非聖賢，孰能無過。不過，老師到底能不能用一般人的標準來看呢？這就很值得爭議了。

記得多年前有一個專門以寫作淨化心靈及抒寫佛教哲理爲主的暢銷作家，發生了婚外情，很多長期以來支持他的讀者都非常不能接受這件事，而且認爲他欺騙了他們，讀者認爲應該要文如其人才對，而不是說一套作一套，爲此他的讀者覺得心靈受到深深的傷害，從那個事件之後，他的書就從此跟暢銷書排行榜無緣了。

人對於一種精神境界的追求還是有一種嚮往的，就像人明明知道沒有桃花源但還是希望世界上眞有那麼一個地方一樣。而世界上能讓我們想到的聖人通常都已經作古了，我們只能憑著留下來的文獻或事蹟來懷念他們的德性，要是有活著的聖人應該會更有說服力，讓人更想朝著那樣的理想去前進。

師者，所以傳道授業解惑也。「老師」表面上看起來只是一個職業、只是教書的，但是就像你看到百貨公司的化粧品專櫃小姐如果皮膚不好，一臉的青春痘，一定會影響到你對產品的信心，甚至會不相信品牌的眞正功效而不再購買。那麼，身爲一個傳道授業解惑的老師，難道也能例外的說，我只是隨便講講，做不做是我個人的自由嗎？

…………

列夫・托爾斯泰：如果一個教師沒有樹立起一個比他的學生更崇高的人生觀，就不能講授。

…………

青，取之於藍，而青於藍；冰，水為之，而寒於水。〈勸學〉

靛青色是從一種叫做蓼藍草的葉子提煉出來，但它的顏色比原來葉子的顏色更深。冰塊是從水凝固而成的，但它的溫度卻比原來的水更低、更冷。

在工作職場裡，最怕的就是翅膀長硬了這件事。尤其在專業的領域裡，有時甚至會變成培養了自己的敵人這樣的事發生。但又有那麼一句話：「一日爲師，終生爲父。」就因爲這種青出於藍跟一日爲師的矛盾，結果常弄得師徒關係更加的緊張甚至交惡。

由李安執導的《臥虎藏龍》在國際上大放異采，但全劇最大的衝突其實是碧眼狐狸與玉嬌龍的師徒關係。原來表面上和諧的師徒關係，因爲師父發現了徒弟原來早已超越她，而且還私自偷練秘笈，從此開始，師徒兩人再無法彼此信任。玉嬌龍說：「當有一天我發現我可以擊敗你，你不知道我有多害怕？」但此時的師父早已經因爲徒弟的隱瞞而種下復仇的殺機，一場師徒間的決裂跟悲劇就這麼展開。

我們的教育方式是一種比較壓抑的上對下的方式，即使今天知道台上的老師講錯了，可能也沒有幾個學生敢當面說出來，往往只會在台下碎碎唸吧？長期以往這樣上對下的溝通方式，在學校、在職場、在家裡，老師、前輩、父母往往成爲了一種權威的象徵，讓人不敢挑戰他們的地位，甚至漸漸地失去對自己的自信。

前人的經驗是一種長久積累的智慧，是很值得我們學習的地方，但也要相信自己，在專業或知識的領域上，就是師父領進門，修行在個人，只要努力，總有一天翅膀眞長「硬」的時候，就是該讓自己振翅高飛的時候。

…………

別林斯聖：學生如果把老師當作範本，而不是一個敵手，他就永遠不能青勝於藍。

…………

學至於行而止矣！〈儒效〉

學習到能實際去做就是最極致的了。

往前進，對我們來說是容易的，只要鼓足勇氣，充滿幹勁，有衝勁，再來就是訂定目標了；而後退，則是個重大的課題，它需要觀前顧後，小心謹愼，要能忍讓，要肯受屈辱，得有耐性，涵養充足。

「前進容易後退難，前進快速後退慢。」當我們走路時就可以發現，往前行走永遠比往後退容易，快速；又比如開車，倒車總比前走來得難，來得慢，不可以掉以輕心，不可以大意。走路如此、開車如此，待人接物也是如此。往前進，是常理，我們都能輕易地做到，往後退，則富於人生大道理，人人都知道「退一步，海闊天空，忍一刻，風平浪靜」，但現在的社會，能夠實踐的又有幾個？

「低到極處方爲高，退步原來是向前。」多麼富於禪理，可誰又能在生活中眞正實行？「功成身退」、「鳥盡弓藏」很多人知道，但劍及履及的少矣。

福澤諭吉：學問的要訣，在於活用，不能活用的學問，便等於無學。

卷七

路是人走出來的

沒有刻苦鑽研的意志，在學習上就不會有什麼顯著的成績；沒有埋頭苦幹的精神，在事業上就不會有什麼成就。

無冥冥之志者，無昭昭之明；無惛惛之事者，無赫赫之功。〈勸學〉

沒有刻苦鑽研的意志，在學習上就不會有什麼顯著的成績；沒有埋頭苦幹的精神，在事業上就不會有什麼成就。

唸書的時候，夫子先生總會語重心長的說：「作學問沒有其他的辦法，就是關起門來作研究，用功唸書，其他的什麼都別管，這樣幾年後，底子扎實了，才能算有點兒成績。」當時，大家聽了無不點頭稱是，佩服得五體投地。因爲當年的夫子先生們眞的都是這麼悶著頭做研究的，跟現在忙著打工、上網聊天的學生眞是天壤之別。

這該算是時代的錯誤，還是學生的錯誤呢？現在眞要找關起門兒來作研究的學生，可能打燈籠都找不著了吧！其實這種精神跟時代應該不相違背才是。到底時代不同，作學問的方式多少會因應時代潮流而有不同，但是態度絕對是一樣的。不要說作學問好了，現在要達到在一個領域的專業與成功，也是需要這種冥冥之志的。

廣告界的才子范可欽在他的書《作個創意大爺》裡提到他當初剛入廣告界，什麼都要做，而且大家都有事丟給他做，初出茅蘆的他當然不敢說不，但是他一點也不覺得苦，反而當成是個磨鍊自己的好機會。要怎麼在廣告這一行出人頭地，他是這樣說的：「我自己一路走來，加上現在帶領團隊，深深感受到只有努力、毅力、好奇，才是廣告人成功的關鍵。個性膽怯、容易放棄、怠惰的人，通常不可能在這一行出頭，我想大概在別的行業也是。」

不管在任何的領域裡，雖然努力不一定會有絕對的成功，但是成功的人一定都很努力。

…………

列夫・托爾斯泰：只要堅定不移地向著目標前進，就一定會達到目的。

…………

我欲賤而貴，愚而智，貧而富，可乎？曰：其唯學乎！〈儒效〉

我想要從低下變得高貴、從愚笨變得聰明、從貧窮變得富有，有辦法嗎？唯一能成功的辦法就是學習。

一般人總認爲人的腦子有聰明與愚笨的分別，聰明的人可以事半功倍，而愚笨的人常常事倍功半，眞的是這樣嗎？其實一般人的ＩＱ都差不多，不同的是對生活的思維，倘若經常轉動腦子，將可改良我們生活中的僵固思維，進而爲自己開創更美好的生活。

我們所感覺到的聰明與愚笨的差異在那裡呢？對大部份的人來說，聰明伶俐與笨拙駑鈍，看一眼便瞭然，但事實上聰明與愚笨並不在於先天的生理結構，而在於後天的思考方式、思維方法；也就是說，聰明和愚笨的差異不在於頭腦本身，而在如何去使用頭腦，掌握正確的思考方式，提高自己洞察力，學習用更正確的角度去思考事物，就可以成爲一個聰明的人。

曾經有人比較過聰明人與愚笨人的差別，發現一個聰明的人的視野是廣闊的，遇到問題會用不同的角度去思考，而愚笨的人視野是狹窄的，遇到事情容易鑽牛角尖；聰明的人考慮事情、做決定時較爲全面，而愚笨的人則經常以片面的角度來決定事情；聰明的人會在理智中作出判斷，而且能夠預測自己決定的後果，而愚笨的人卻常常被感情所淹沒；聰明的人能夠果敢、明確地展開行動，而愚笨的人卻經常陷於猶豫徬徨的情境裡。

聰明的人能夠把握重點，而愚笨的人總是難以理清複雜的事情；聰明的人善於獨立思考，而愚笨的人總是作出一廂情願的笨事；聰明人是決策者，而傻瓜卻被決策推動著。

…………

弗蘭西斯・培根：精神上的各種缺陷，都可以通過求知改善——正如身體上缺陷，可以通過適當的運動來改善一樣。

…………

聲無小而不聞，行無隱而不形。〈勸學〉

聲音即使再小還是會被人聽見，行爲即使再多麼隱密還是會被人發現。

在上課或演講的時候，台下的聽眾常會閃神去發表個人的意見或是聊天，但同時爲了表示還尊重台上的演講者，這時他們總會壓低了音量，用以爲別人不會聽到的聲音說話。但通常，講得再小聲還是會被發現，如果是上課，老師會請你一起分享給同學們聽；如果是演講，演講者會巧妙的詢問是不是有什麼問題來化解這樣的尷尬。同樣的情況，當然還有在台下看其他的書，做其他的事等等。

這句話，荀子的原意倒不是用來規勸人上課不要講話或是不要偷看其他的書，而正好跟這個相反，是要勉勵人家要作好事。

古時候有一個樂師叫瓠巴，每當他開始彈瑟時，連河裡的魚都會浮出水面來聽。還有一個樂師叫伯牙，琴彈很好，連低頭吃著飼料的馬群，都會抬起頭來聽。荀子就是用這兩則古代的奇人逸事，來勉勵大家勿因善小而不爲。只要你努力去做了，就不會被埋沒，總會有出頭的一天。

雖然荀子的用意在於鼓勵人心，希望大家都能努力的學習。沒有觀眾的舞台，演出者一定意興闌珊；沒有球迷的比賽，球員一定打得不起勁。但是，站在人生的舞台上，不管有沒有觀眾，我們都得爲自己的演出賣力不是嗎？總不能因爲沒有觀眾，就不努力去完成自己的表演，不去做自己應該做的事。

列寧：要成就一件大事業，必須從小事做起。

欲不待可得，而求者從所可。〈正名〉

人的欲望不是等到有希望達成的時候才會產生，追求欲望的人總是從可以達到的目標去努力。

大部分人的人格特質都是比較被動的，所以一般人對於主動活潑的人印象都會比較深刻，而主動活潑的人往往也能比較快跟人活絡。求學時代或多或少都會有聯誼的經驗，每次聯誼完通常都會有一個現象，就是活潑的人總是容易讓人記得，尤其是帶團康活動的同學，總會成爲眾人注目的焦點。

男生一定也常常有這樣的經驗，就是看到了某個女孩很想追求，但是因爲很多的考量、猶豫，怕她有很多人追、怕她太美看不上你、怕她冷若冰霜讓你發燒流鼻水、怕她像大和拜金女讓你花錢如流水，想了一堆、怕了一堆，最後好不容易寫好了情書，鼓起了勇氣，等她下課要拿給她時，卻見佳人不知何時身旁多了護花使者，而且還是你覺得根本不是對手的國小同學阿牛。

給自己一點勇氣吧！不要把得失看得太重，還沒追之前她本來就不是你的，追了之後她卻有可能答應，其實你本來就沒有任何損失，有什麼好怕的呢？人最大的敵人永遠是自己啊。

…………

馬克・吐溫：膽怯的人渴望獲得十足的價值，卻只要求十分之一，大膽的人要求雙倍的價值，結果以取得足價折衷了事。

…………

道雖邇，不行不至；事雖小，不為不成。〈修身〉

即使路途很短，但只要不走就不會到；即使是小事，只要不做也做不成。

如果你翻到的人生目標眞的不小心變成狗屁了，千萬不要不好意思，錯不在你，一切都要去怪那個教我們「要立志作大事，不要立志作大官」的偉人，還有那個教我們唱「哥哥爸爸眞偉大」的人。但如果小時候抓周你就已經氣宇不凡的左手拿槍右手抓金條，那就怪不得任何人，說不定你眞的就是天生的民族救星或是比爾蓋茲，爲何至今都還不是就得自己回家好好反省。

曾在網路上收到一封伊媚兒，大意是說有一個年輕人每天都在海灘撿垃圾，一個人每天沿著海灘撿永遠也撿不完的垃圾，有人就問他：「這些垃圾反正是怎麼也撿不完的，爲什麼還要撿呢？」那年輕人說：「只要撿起一個垃圾整個海灘就少了一個垃圾，即使是一個人，還是有能力減少海灘的垃圾。」

我們總以爲個人的力量很薄弱，小得不足以改變什麼，所以就什麼也不做。選舉的時候，我們會聽到有人說：「哎呀！沒差我這一票啦！」因爲這樣想，有些原來會當選的就因爲很多人的沒差這一票而落選。聖經裡有一個故事是五餅二魚，有一天耶穌對門徒講道，耶穌問有什麼可以給大家吃，門徒找了找只有五個餅跟兩條魚。但經過耶穌的祝禱分了餅跟魚給大家吃，這些食物竟然裝滿了二十個籃子，而且五千個男人也都吃到了餅。

不管做什麼事，都需要開始，從你自己開始，不要因爲覺得渺小，就什麼也不做了，也不要因爲太簡單就覺得不用去做。

…………

塞繆爾・約翰遜：成大事不在力量大小，而在於堅持多久。

…………

能積微者速成。〈彊國〉

能夠累積微小事情的人就能迅速成功。

古語云：「爲者常成，行者常至。」這是所有成功者的銘言。一個成功者的人生道路絕對不是一帆風順的，一個成功者的背後是累積無數努力奮鬥的，因爲成功之路總是設下許多關卡，讓有爲者接受一次又一次洗練，才能讓他得到最後的勝利，而勝利是屬於那些能堅持到底的人。

這些成功的人是讓自己淬鍊出卓越的能力，與超凡的毅力；每個人都有自己的理想與抱負，或許在往前走的路途中跌倒了，但有些人爬起來繼續往前，而有些人卻不願站起來迎頭追上，於是到了最後目標的就是勝利者，而裹足不前的人則永遠停在路邊。

眞正對自己的目標付出行動與決心的人，也許會在道路跌倒，也許會摔得人仰馬翻，不過他一定會站起來繼續往前行，他的絕心與毅力能治療跌倒的傷口，他不但能勇往直前，還在勇敢裡多了一分謹慎，他能用明智的雙眼看事情，能用清明的頭腦想事情，他可以分辨什麼事情是眞，什麼又是假的，什麼東西具有永恒的意義，而那些東西僅能提供暫時的愉快，聰明人已經定好了目標，他已挺直步伐，往前走去了。

一個成功的人是靠著經驗的累積與智能的磨練，結合出來的。

…………

牛頓：如果你問一個擅於溜冰的人：「如何學得成功？」他會告訴你：「跌倒，爬起來，便是成功。」

…………

將有所止之，則千里雖遠，亦或遲、或速、或先、或後，胡為乎其不可以相及也？〈修身〉

只要追求的目標有一定的範圍，雖然有千里那麼遠，不管快慢先後，都還是可以達到目的的。

以網路小說《第一次親密接觸》而成爲暢銷作家的痞子蔡，在小說一開始就這麼寫著：「如果我有一千萬，我就能買一棟房子。我有一千萬嗎？沒有。所以我仍然沒有房子。如果我有翅膀，我就能飛。我有翅膀嗎？沒有。所以我也沒辦法飛。如果把整個太平洋的水倒出，也澆不熄我對妳愛情的火燄。整個太平洋的水全部倒得出嗎？不行。所以我並不愛妳。」

原來我們以爲的浪漫是那麼禁不起考驗，只要有邏輯的觀念，這些浪漫情懷馬上就被打入冷宮不得超生。小說裡還說：「當假設狀況並不成立時，所得到的結論，便是狗屁。」建立在不成立的假設狀況裡的浪漫原來都是狗屁，那麼我們從小到大都要寫的「我的志願」，這麼一想，有很多也變成狗屁。

小時候寫的我的志願不外乎科學家、總統、太空人、醫生、老師、董事長，如果你不小心寫了一個理髮師或是家庭主婦的，一定要被老師叫去好好了解一下，怎麼這小孩如此沒志氣、將來一定沒出息。但事實證明依照我的志願來看的話，長大後的小孩還眞是沒有幾個有出息。

從小我們就被教導人生要有目標，勵志書也都說要有目標才會成功，但為什麼距離成功還是如此遙遠。荀子實在非常了解咱們好高鶩遠的老毛病；是要有目標沒錯，但是也要有範圍有限度，這樣再來努力才有可能成功啊！想要成功嗎？不如先去翻翻偷偷記在日記上的人生目標，是不是也都變成狗屁了？

…………

小塞涅卡：如果一個人不知道他要駛向哪個碼頭，那麼任何風都不會是順風。

…………

志忍私然後能公，行忍情性然後能修，知而好問然後能才。〈儒效〉

能夠在思考上去除私心，這樣才能公正；行爲能夠克制情緒才能有好的品德；聰明又能虛心學習，這樣才能多才多藝。

著名的美國教育心理學家班度拉（Bandura）曾經提出一個重要的觀點，他認爲，當兒童在學習如何控制生氣憤怒的情緒時，是學習他的榜樣——父母，尤其是父母發怒的頻率與表情，是直接影響兒童情緒的源頭，所有的兒童都是透過觀察父母發怒的表現，進而模仿學習，如果父母親之間經常爭辯，手段、口氣也惡毒、激動，那麼自己的孩子也不會好到那裡去。

父母親之間的火爆、激動的場面會深深烙印在兒童心中，父母親之間的叫囂、惡言，會毫不留情地刻劃在兒童的腦子裡，然後在某個場合中傾洩出來，那樣的景象恐怕連父母親也會驚訝。一般而言，因爲生氣而受到責罵處罰的兒童，經常會陷入疑惑中，因爲父母長輩總是告訴孩子不要生氣、要溫和處世、要寬宏大量，可是在成人世界裡卻又不斷演出著生氣、憤怒、爭吵、動手動腳的景象，於是他們在疑惑中難以排解自己的情緒，扭曲自己處事的方法。

可見父母親的情緒是影響兒童性格的重要因素，所以當父母親面對兒童任性、憤怒的情緒時，應該先離開現場，到安靜的地方，讓兒童能將自己的不滿、委曲表達出來，並且試著和孩子解釋，當他發出憤怒時會造成什麼樣的後果；當他們習慣這樣的方式時，就會試著控制自己的情緒，然後父母親可以教導他們將不滿用溫和的方式宣洩出來，比如安靜地對自己說話、唱歌等，當孩子感覺到自己被尊重，便會以能夠控制自己情緒爲榮，拓展自己的自主性及穩定的情緒。當然，適度的生氣是有益於健康的，老是憋著可不好喔！

…………

馬克吐溫：如果你收養了一隻饑餓可憐的狗，並且讓牠安全舒適，牠將不會咬你，這便是一個人與一隻狗之間最主要的差別。

…………

知者之言也，慮之易知也，行之易安也，持之易立也，成則必得其所好而不遇其所惡焉。〈正名〉

聰明的人說的話，很容易讓人了解，做起來也容易有成果，堅持去做也站得住腳，成功了就會達到預期的結果，而不會是自己不想要的樣子。

成功的人有什麼特質？在我們印象中成功的人是光鮮亮麗的，站在台上接受眾人的掌聲與歡呼。但我們看看各大頒獎典禮，所有被肯定的得獎者，上台的致詞一定是：「感謝」。是的，懂得感謝的人才是成功的人。懂得感謝的人知道他的成功是很多人一起努力而來的，不是自己的。懂得感謝的人知道他的成功是經過多少的努力、溝通、堅持與付出換來的。

我們常羨慕成功的人，但我們總是只看到別人成功的那一面。每個人都想成功，但是你是不是具備了那些成功者的特質呢？勇敢、執著、堅持、樂觀、主動、熱情，成功不是你想的那麼難，但也不是你想的那麼簡單，但要追求成功之前，是不是先想一想，你想要的成功是什麼？這樣的成功你眞的快樂嗎？

馬克斯威爾・馬爾茲：人也有一種成功的本能，它比其他任何動物的本能都更爲奇特，更爲複雜。

其用知甚簡，其為事不勞而功名致大，甚易處而綦可樂也。〈王霸〉

聰明的人，花很少的心力，又不會太勞累就有很好的效果，事情容易處理又可以輕鬆愉快。

有句俗語說：「事半功倍」，意思是說不論做什麼事情，只要方法用對了，就能以最少的力氣完成最多的工作。

比如今天有銀行連線系統，它能應付銀行間業務往來，也能讓顧客隨時隨地提款、轉帳，這中間有許多複雜的關係結構，考驗著事與功之間的配合，如果在開始的時候，能夠選對了方法，然後設計一個周詳完善的系統，讓作業員與顧客雙方都能輕易了解的程序，讓這個方案有完備的管理制度。那麼，就這樣的連線系統，就可以完善地供應給顧客們使用，能夠有效地推展給社會大眾，甚至可以在推行的過程中，找出缺點，慢慢改進，達到最好的品質管理，「事半功倍」之理，便在於此。

盧梭：一隻猛鷹，在練習飛行時，總是隨風而飄，但當牠遇見了危險，轉過頭來迎風而飛時，它往往反而飛得更高些。

佚而不惰，勞而不優，宗原應變，曲得其宜，如是然後聖人也。〈非十二子〉

即使是安逸也不懶惰，雖然辛苦但也不懈怠，遵守基本的原則，又能適應各種變化，能屈能伸在各方面都恰到好處，如果這些都做到了，就可以成爲聖人了。

在東方觀念中，經常以玉來形容君子，古語有「石之美者，有五德」的讚美，玉其實是一種石頭，爲何會被稱爲玉，是因爲古人對石頭的色澤、硬度、聲音、肌理、質地爲標準作出美石的定義。玉經常用來形容完美品格，因爲「玉」恰好符合了君子的準則，玉在任何環境下都能保持自己光澤純粹，它們藏於土地時並不顯眼，但若被發現，放在光源之前，卻又能閃出耀眼的透澈感。玉並不是最堅硬的石頭，相反的，它軟硬適中有溫潤之感，古代讀書人甚至將玉石配戴在身邊；「君子無故，玉不去身」、「溫如玉」，是讀書人對自己的期許與提醒，經過數千年，玉已經深入中國人生活中的每一個環節不可分離。

春秋戰國時期，強大的秦國想要越國的和氏璧，願意用十五座城池交換，可見當時玉的價值已經相當高昂了，而後來「完璧歸趙」的故事讓玉石的象徵意涵更進一步，所以有「黃金有價玉無價」之語流傳。

即便到了科技文明的現代社會，玉的價値依然高昂，連平民百姓也有收藏玉的興趣，不過今日的玉器逐漸變成一種商品，已不是讀書人身上之物。關於玉器的價格是由玉器其本身所具有的歷史、質材觀察的，當玉質的物理情況愈穩定，質地愈溫潤透明，價値愈高。

雖然玉在今日已變成收藏的商品，不過對許多讀書人而言，玉石對他們有深遠的意義，玉不但是品格的讚美，也是修養的期許。

…………

高爾基：我是苟且偷安、無所作爲的死敵，我要讓每一個人都成爲大寫的人。

…………

事至無悔而止矣，成不可必也。〈議兵〉

做事能求無愧於心那就可以了，而不能要求一定要成功。

許多剛剛踏出校園的新鮮人，總是抱著一展長才的熱情，四處詢問目前各種就業的需求。但有些人路途順遂，有些人卻碰了一鼻子灰，這是爲什麼呢？其實，只要是「肯幹」又「能幹」的人，必定大受歡迎。

什麼是「肯幹」，什麼又是「能幹」呢？所謂「肯幹」是指人的意志，而「能幹」則是自己的能力。願意吃苦耐勞，謙虛學習的人就是「肯幹」的人；具有獨立作業能力，以及聰明伶俐的腦袋，就是「能幹」的人。

如果沒辦法找到「兩全其美」的人才，那麼，無論什麼企業都寧可找一個「肯幹而未必能幹」的人，因爲只要「肯幹」，就能在工作中學習，其他的能力是可以培養的。一個肯埋頭苦幹的人，能打好扎實的基礎，凡事會盡力而爲，也許無法馬上成功，但憑著這樣的信念，還怕沒有開花結果的一天嗎？

然而「能幹卻不肯幹」的人，就是「自暴自棄」的典型，他們放棄了上天給的高稟賦卻不想善用，只會「佔看茅坑不拉屎」，就像是如今常見的「爛草莓族」一樣。

如果，再往下看，就是既不能幹，又不肯幹的人。他們既沒能力去佔茅坑，也沒能力佔著茅坑，眞是可悲到了極點。

佚名：不要爲自己沒有大德而煩惱：上帝製造千萬根小草後，才製造一棵樹。但覆蓋著地面的卻不是森林而是雜草。只要有一些細微的美德及忠信就夠了，不要因爲你不是一個英雄或聖人而感覺惋惜。

人一之於禮義，則兩得之矣；一之於情性，則兩喪之矣。〈禮論〉

人如果用禮義規範來約束自己的行為，那樣禮義與欲望就能兩全其美；如果人只為了滿足欲望而不顧一切，那就會什麼都沒有。

「由儉入奢易，由奢入儉難。」物質的欲望一旦被開啓，似乎就很難以節制了，當然每個人的價值觀都不同，不是每個人都可以像顏回那樣：「一簞食、一瓢飲，不改其樂。」這麼多年來也沒出過幾個這樣的人，有也是因為貪官汙吏不知百姓疾苦，害得百姓被迫要成為那樣的人，完全不是自願的。

人的欲望是有的，我們看小嬰兒，吃了睡、睡飽吃，吃不到就哭，那是最基本的生理需求。但是同樣是嬰兒，我們也會發現有些嬰兒吃得多，有些吃得少，有些吃很貴的奶粉，有些隨便吃也沒問題。不過，不管怎麼樣，嬰兒要吃奶的時候，可是不會聽你講什麼大道理；要節制喔，不能吃太多喔，只能吃多少這一類的屁話。總之，他餓了就吃飽了就不吃。

所以說欲望是一件自然的事，但是隨著慾望的被開發，人往往覺得自己需要的愈來愈多。尤其現在新世代的消費，著實讓人捏把冷汗，在自己還沒有經濟能力的情況下，就用刷卡解決，付不出這期的信用卡費，就用循環利息，卡不夠刷了，現在還可以用預借現金，利滾利的情況下，愈借愈多，可想而知最後的結果是什麼了。

…………

歌德：毫無節制的活動，無論屬於什麼性質，最後必將一敗塗地。

…………

錯人而思天，則失萬物之情。〈天論〉

放棄人應該的努力而只想靠天吃飯，就會一事無成。

你樂透了嗎？每個星期兩次的樂透在台灣寶島形成了一股風潮。記得樂透剛開始的時候，大家打招呼的口頭禪從關心你的身體變成關心你的心理，也就是說從「呷飽沒？」變成了八八餓餓我餓我餓的「買了沒？」「樂透了沒？」問的人眼神還會閃閃發亮，一副有錢大家賺的慈眉善目。不但如此，在開獎前的強力衝擊下，每個人還都從平常的自掃門前雪變成了慷慨的大善人。

怎麼說呢？那一陣子常會聽到大家開始發願說：「如果我中了特獎，一定給你們每個人一百萬。」一百萬耶！平常要拗一杯咖啡都很難的同事，竟然像股市大戶般的誇下海口，很難不讓人覺得是樂透讓人生變成彩色的。

肝如果不好，人生是黑白的；樂透如果不中，人生更加的黑白。爲了變成「好野人」有些人眞是拚了，問牌算牌包牌傾家盪產無所不用其極，每到開獎時分，總是幾家歡樂萬家愁。爲了想中頭獎，爲了變成有錢人，爲了天下掉下來的好運，大家都先押了再說，根本就是逞一時之「賭」，後患無窮。

天上掉下來的好事人人都愛，但不是人人都能好運被好事砸到。與其等待從天而降的金子，不如先用雙手去賺銀子。日子辛苦點但總是踏實。

…………

泰戈爾：我們把世界看錯了，反說它欺騙我們。

…………

鍥而捨之，朽木不折；鍥而不捨，金石可鏤。〈勸學〉

雕刻到一半就放棄，即使是腐朽的木頭也不能折斷；持續的雕刻不放棄，即使是堅硬的金石也可以刻得成功。

這句話，相信大家一定都耳熟能詳了，自然是不需要多作什麼解釋。不過，很多事就是這樣，道理人人能懂，但做起來就是特別困難。到底問題是出在哪裡呢？

在中國時報曾讀到彭蕙仙的一篇〈「新年第一天」要目標不要願望〉的文章，內容是提到她在二〇〇二年的第一天和女兒去爬山。山頂上有一座廟，快爬到山頂的時候，女兒就問她有沒有什麼願望要祈求？她卻回答女兒說：「有目標，可是沒有願望。」女兒很疑惑，分不清目標跟願望有什麼不一樣。

我覺得彭蕙仙說得可好了，她說：「在我看來，願望是『求』，目標是『行』；願望是『得到』，而目標是『付出』；提出願望時，人們通常只想到結果，但談到目標，則會連同如何達到這個結果的方法也一起思考進來。」

是不是說得很有道理呢？這不禁也讓我想到每年的大年初一總要例行性的到廟裡參拜一番，祈求神明保祐今年一年順順利利，順帶的要把至今爲止的人生缺憾複習一遍，希望神明能「化暗爲明」，幫你完成心願。原來這就是知而不行的最大阻力來源。總希望能冥冥之中有好運幫你達成願望，以爲拜拜了，上達了天聽，老天就要助你一臂之力。或許天上就是能掉下這種好事，不然，爲什麼每年的廟裡，總擠滿了人手拿著香口中不斷地喃喃自語，大家果然是每年都鍥而不捨的在許願，如此堅持，願望之成功眞是指日可待？

…………

林肯：一個好的目標決不會因爲慢慢來而落空。

…………

卷八

上天也用自然美

對於上天的變化用合理的方式去面對就是吉，做出不合理的事就是凶。

名無固實，約之以命實，約定俗成謂之實名。〈正名〉

名稱本來就沒有固定代表事物，是大家共同約定以此來代表，約定了，習慣使用後，就變成那個東西的名稱了。

小時候還是文盲無知而不懂事的時候，過馬路我常常會想，爲什麼是紅燈停綠燈行黃燈快快走？爲什麼不是紅燈走綠燈停黃燈慢慢走？等長大一點了，不是文盲時，也還沒搞清楚到底爲什麼？只知道這是交通規則，是老師說大家一定都要遵守的交通規則。等到過了老師說的年紀，自己開始晉身有輪階級，不管是二輪、三輪還是四輪，紅綠燈在北部是交通規則，到了中部變成參考指標，到南部變成路燈的一部分，關於紅綠燈的疑問，始終還是讓人困惑。

倒是荀子一言中的解除了我這麼多年來的疑惑，簡直是一語驚醒夢中人。名稱本來就是人訂的，人怎麼訂呢？就是幾個人說好了，從各自不同的意見變成大家可以贊成的意見。（就像當年割讓香港給英國人、割讓台灣給日本人不就是幾個人講好了就割的道理是一樣的。）等到大家意見一致有了共識後，剛開始不習慣，到後來漸漸的就習慣成自然了，這就是名稱的由來。

所以天空爲什麼叫天空不叫海？太陽爲什麼不叫月亮？人爲什麼不叫猴子？狗爲什麼不叫貓？關於這一類的問題呢？荀子要勸你別再庸人自擾了！就算你想破頭也沒有答案的。

赫爾德：必須從語言中學習語法，而不是從語法中學習語言。

天行有常，不為堯存，不為桀亡。

〈天論〉

天道運行有一定的規則，不會因爲聖人堯的存在或是因爲暴君桀的滅亡而有所改變。

天有什麼好說的呢？不就是天嗎？當我們這樣問時，心裡就有一個自己以爲的天。而這個在心裡的天，其實就是個人內在的道德標準、行爲準則。

最普遍的天的觀念，就是會懲罰人的「天」，是有宗教信仰的人相信的「天」。「善有善報，惡有惡報，不是不報，時機未到」，這種觀念的天，在戲劇裡面最常被宣導，整齣戲裡壞人可惡到極點，好人可憐到極點，但最後，總會有大逆轉，好人會得到善報，壞人最終會有惡報。這種天就是「人在做，天在看」，用善惡賞罰的天來規範行爲。

另外一種天完全是靠自己的道德良知來判斷的天。說是天，不如說是自己那仰不愧於天，俯不愧於地的個人氣魄，這一類人只求自己坐得直行得正。

另一類天，就是我們每天看到自然現象的天，春夏秋冬四時的更替，月亮的陰晴圓缺都有一定的運行方式，不會因爲今天有天災人禍就不再有四季。

荀子認爲的天就是第三種自然的天。自然的存在有一定的運行規則，而這個規則跟國家是什麼樣的人治理沒有關係，跟誰應該有報應也沒關係。在科學昌明的現代，我們或許會覺得荀子說的不是廢話嗎？誰也知道不論是九二一或三三一都跟執政黨無關，誰要是硬要扯上關係，只會被笑話。但荀子可是在一個還沒有科學，大家都相信天狗吃月的年代，能夠獨排眾議，可見荀子眞的是一個很有智慧的人。

…………

莎士比亞：熄滅了，熄滅了，短暫的小蠟燭！生命不過只是一個行走的影子。

…………

應之以治則吉，應之以亂則凶。〈天論〉

對於上天的變化用合理的方式去面對就是吉，做出不合理的事就是凶。

如果大家都相信不會有報應這回事，那用什麼來約束人心，用什麼來維護人的良知，這樣下去豈不是要天下大亂了。如果你眞這樣想，也未免太杞人憂天了。有宗教信仰的人如此之多，但也不會全部都出家當和尚尼姑、奉獻給神當神父修女，「如果全部的人都這樣想那世界豈不是……」這樣的憂慮是不可能會發生的。

荀子雖然說人做的事跟老天一點關係都沒有，但如果違背天理，不要以爲就能倖免於難，也是會有吉凶禍福的。

怎麼樣叫合乎天理呢？

合於天理就是在適當的時間做適當的事。下雨了就打傘，如果要來點詩意淋個雨，那肯定會有禿頭危機，再倒霉一點應該會感冒。

西塞羅：「自然，自然」無論什麼，若逆自然的航線而動，都終究是令人討厭的；但只要順應自然之道而行，將始終令人愉快。

受時與治世同，而殃禍與治世異，不可以怨天，其道然也。〈天論〉

雖然現在是沒有天災人禍的太平時代，但卻遭受到災禍，這不能去怪老天給你災禍，而是自己行爲遭到的結果。

台灣近年的觀光事業一落千丈，有人怪罪於經濟不景氣，有人怪罪於國人愛出國，也許這些是原因之一，不過台灣的觀光事業一落千丈，還有另一大原因，那就是我們不愛惜自己的環境，許多美景不再自然，到處雜亂無章，小攤販四處林立，完全忽視自己對環境的衝擊，對景觀的破壞，他們幾乎是台灣風景區的註冊商標。

比如草嶺，他的招牌景物「峭壁雄風」是一個雄偉崇高的裸露巨石，但令人錯愕的是，上段被新蓋了一間寺廟，中段被建了一個破爛鐵皮屋的攤販，下段被鑿出一條八十公尺多的階梯，旁邊還被鑿了幾條鋼索步道，當年的峭壁雄風早已不在。

台灣被破壞的自然景觀不可勝數，阿里山公路兩旁的茶樹、新中橫沙里仙林道兩旁的玉山茶、梨山上的高山蔬菜，破壞自然的不是別人，正是好吃的我們，大自然是無言，但資源一去不復返，人類趕盡殺絕時，大自然勢必反撲，百姓爲了蠅頭小利而貪婪無知，但政府卻更貪蠢愚昧，拿人民的納稅錢去作破壞自然的建設。

如果政府單位眞的有心重振台灣的觀光事業，不妨先盡心建立一個乾淨的城鄉環境，比如拆除風景線上的違章建築、骯髒的攤販，消除那些濫墾、濫植、濫葬的惡習，那些在國家級風景區中出現的佛像、土雞城、奇特的祭拜活動，如果政府眞的要爲台灣的人民走出一條活路，就千萬別再以建設爲名而行破壞自然景觀之實了。

傅勒：寧願明天有隻雞，不要今天有個蛋。

不為而成，不求而得，夫是之謂天職。〈天論〉

不特別作什麼就有結果，不額外去求什麼就可以獲得，這就是自然的事。

我們經常奉勸朋友「愛你自己」，因爲「我」是自己唯一擁有的，連自己都無法愛自己，又如何愛別人。有人以爲：愛自己是自私的，是自我中心的。其實自我中心的愛並不是愛，而是沒有安全感，是自卑。因爲自卑、因爲恐懼，所以採取自我防衛的手段，變成一種自私和自我中心，這樣的愛是空虛的，能接受自己的人，便能自在而踏實地愛自己，而他的愛更能散放出去，讓別人也沐浴在愛裡。

當自己能抽離出來，以慧眼來觀看身旁的環境時，便能夠面帶微笑地看清自己，看清世界，可是，許多人通常都在做一些沒有自覺的選擇，他們透過一些偏差的信念，以及某些習慣、行爲，讓自己一步步地落入痛苦局面。

在人與人的關係中，最容易發生愛與恐懼的矛盾，即使我們的初衷是愛，若我們能以接受的角度去看待別人與自己，讓愛人者與被愛者都明白，不一定需要完美才能被愛，那麼彼此之間的愛便可以達到更理想的境界。

當我們不愛不完美的自己時，心中便有個黑洞，空虛地讓人恐慌，總是企圖以外在的讚美來填補自己；愛，如此矛盾的東西，當我們越缺乏，越渴望，就越得不到；不過當，我們就越能自覺富足，越無懼，便能不求而得。

…………

霍頓：世界上沒有醜女人，只有一些不懂怎樣使自己看起來美麗的女人。

…………

萬物各得其和以生，各得其養以成，不見其事而見其功，夫是之謂神。

〈天論〉

萬物在自然的運行之下，各自地生長與養成，沒有看到天在做些什麼，但是卻有成果出來，這就叫做神奇。

現代是個科學掛帥的時代，許多人認爲沒有神，而天地萬物是自然而然就有的，世界上根本沒有創造者，宇宙是自然碰撞而形成的。眞的是這樣嗎？比如說一片窗戶，倘若我說這由幾片木板、幾根釘子在偶然的情形下全放在某一處，忽然有一陣大風吹來，於是就把這窗子給拼湊而成了，你會相信嗎？

著名的科學家牛頓，是一個基督徒，當他發現了萬有引力的定律時，他便經常與朋友們談起創造宇宙萬物的神的奇妙，可是，他的朋友卻不相信神創造這個宇宙萬物，他認爲這個宇宙是在偶然的情形下自然生成的。

有一回，牛頓請人做了一個太陽系行星運轉的模型，只要轉動其中一個把手，這些星球便會按照自轉、公轉軌道圍繞太陽運轉起來，當牛頓的朋友看到這個行星運轉模型時，便一直問牛頓說：「這麼棒的模型到底是誰設計的？」牛頓告訴他的朋友：「這是自然生成的。」朋友聽了牛頓的話，實在很生氣，他說：「怎麼可能，明明是有人設計、製造了這個東西，你卻說是自然生成的，我絕不相信。」牛頓回答：「就連一個簡單的模型，你都不信是自然而然就有的，更何況如此奇妙的宇宙，怎麼可能是自然碰撞而成的。」

精密的科學望遠鏡可以看到差不多一百億個銀河系，而每個銀河系約有一千億顆星星，在我們有生之年是絕對數不完的，怪不得聖經裡亞伯拉罕覺得自己不過是「灰塵」而已。

因克里斯：特別美的東西不一定美好，但好的東西卻是永遠美的。

天不言而人推高焉，地不言而人推厚焉，四時不言而百姓期焉。〈不苟〉

天不用說話，但人人都尊崇它的高；地不用說話，但人人也都推崇它的厚；春夏秋冬四季不用說話，但人人都知道四時的變化。

在皇家學院的畫廊裡，懸掛著許多名家的畫，人潮來來往往，而角落掛著一幅名爲景觀的畫，卻是無人問津，經過畫前的人總是問著：「景觀是繪畫的主題嗎？」「景觀只是背景吧！」「景觀？有什麼好看的？」

這是康斯坦伯的「景觀」的首展，顯然他的心情並不會太好，因爲當時流行的繪畫是人物肖像、宮廷題材，樹木、老農舍、村婦的景觀，很難進入人們關愛的眼神裡。

在畫展結束之後，康斯坦伯的畫仍然孤單地懸在角落，當他把畫帶走時，皇家學院的守門老人，走過來向他說：「別失望啊！年輕人，我們後會有期。」

康斯坦伯苦笑：「後會有期，這，唉！」

老人說微笑地向他說：「我相信以後一定可以再見到你的作品，因爲我從你的畫上看出，你在下筆前一定非常喜歡自己所畫的大自然。」

有時候「價值」是不言可喻的，是要發自內心，以真誠、信心與無所求才能體會其中真正的有價。

…………

恩格斯：人本身是自然界的產物，是在他們的環境中並和這個環境一起發展起來的。

…………

盜名不如盜貨。〈不苟〉

盜取名聲的人比偷東西的人還不如。

有句俗語說：「豹死留皮，人死留名。」孔子說：「君子疾沒世而名不稱焉。」意思是一個君子，最怕的是他的名聲不能在死後流傳世間。又說：「惡四十五十而無聞焉！」一個人活到四、五十歲了，卻還沒沒無名的話，可以說是沒有出息了，這樣看來，孔子似乎非常重視「名」。但孔子又為「名」指出一個方向，他說：「三代以上，唯恐好名；三代以下，唯恐不好名。」三代以上的人沒有爭權奪利之心，要是有人想出風頭，要爭名的話，大家都會認為他很無聊；但在三代以後，要是有一個人希望爭取好名譽，他就會朝著好的方面努力，使自己在社會上有地位。

中國關於名聲的成語很多，比如「名垂千古」、「留芳百世」、「遺臭萬年」，如果好的名譽一定能「千秋萬世」。岳飛能精忠報國，使芳名永遠流傳在人間，而陷害他的秦檜，也讓自己的臭名在世間不斷流傳著，一樣是名聲流傳，卻有著截然不同的評價。

名聲並不一定不好，不同的是一個「求」字。

古人說：「上士忘名，中士立名，下士竊名。」上等的人，他是不要名的；中等的人，想要建立他的名望；等而下之的，就是沽名釣譽，硬出風頭，讓別人都認識他，卻沒有對社會作出眞正的貢獻，假如一個人對社會有良好的貢獻，能盡心幫助苦難之人，縱然不求名，也能令人讚嘆，但眞正「實至名歸」的人物卻寥寥可數。

有道德，名望便隨之而來。沒有，沽名釣譽而已。

古代法家楊朱曾說過：「假如您活在世間，有名聲固然很好，倘若死了，名聲對著枯骨頭，又有何用？」佛家也有話說：「貪世常名，而不學道，枉功勞形。」一個人貪戀世間的虛名，卻不肯努力修習，只是白白浪費時間而已。

小普林尼：壞人的名望和他本人一樣靠不住。

操彌約，而事彌大。〈不苟〉

掌握的原則愈簡要，能處理的事情就愈多。

每個人的特質、智能、嗜好都不同，每個人的需要不同，想到獲得的東西也不同。學校裡的各種科系，目的是爲了讓每個學生找到適合自己的方向，當學生能找到自己的興趣，就能在學習中得到快樂，古語有「讀書樂」之語，便是形容能在學習中獲得眞正的快樂；反觀今日，許多學子在學習中感到痛苦，所學與自己的興趣、愛好不同，卻被迫勉強去學，這樣的學習當然不能得到快樂。

世界上的學問各式各樣，能夠找到自己的方向才是最重要，學校所有的科系，並不是要學生們全部都學，全部科目都得精通，那是不可能的事，它們存在的目的是要我們在其中作選擇，選擇喜歡的科系、喜歡的才能。

當年孔子在教導學生時，還講究「因材施教」，觀察學生的性格、程度來教導，佛教裡也有佛法如海，只取一瓢的說法，所以，當學習者能掌握學習的原則，學習適合自己且有興趣的學問，自然能事半功倍。

在日本語裡面，用功努力稱爲「一心懸念」，「一心懸念」就是一般講的「一心牽掛」。一心牽掛，該掛的是什麼呢？有人掛念錢財，有人掛念名聲，若把掛念心放在該學習的事物上，而不懸念其他不相干的事情，那麼心中的念頭專一了，所學的事物也能輕易駕輕就熟。唐代玄奘在《彌陀經》裡翻譯出「一心繫念」這個文句，而羅什大師翻譯爲「一心不亂」，都是指心靈的專一不浮動，而平常的學習裡最講求用功，所謂用功便是要掌握原則，專心如一，才能在自己的領域裡精進。

奧勒魯切夫：人類的工作在於不擾亂自己的秩序，這與斧頭必須經常磨得光光的道理雷同。

為之無益於成也，求之無益於得也，憂戚之無益於幾也，則廣焉能棄之矣！不以自妨也，不少頃干之胸中。〈解蔽〉

有些事做了對成功也沒有幫助，有些事去追求了卻沒有實際效果，有些事憂慮也無濟於事。這些沒有實質幫助的事，就統統把它丟了吧！

每天早上剛睜開眼睛時，你是用怎樣的心情迎接新的一天呢？「喔~還可以偷懶睡一下下」「又要上學了」「今天又要考試了」「哎——還要上班」還是「哇！又是新的一天」「今天的陽光眞好」，我想大部分的人都是鬧鐘按掉，繼續賴床賴個十分鐘，最後終於不情願的起床，趕快刷牙洗臉，連很重要的早餐都來不及吃就匆匆出門了。

我們總是習慣事情還沒到之前想很多，想如果不行怎麼辦？如果…如果……，想了很多根本不知道會不會發生的如果，假設了事情會發生的各種情況。

有些事讓你猶豫不決，不知道是要做還是不要做，那就想想做了會怎樣，不做又會怎樣。但是想那麼多做什麼呢？光只是想，事情不會有任何改變，只有做才有可能改變事情。

換個心情來過你的每一天吧！就從每天早上的心情開始，笑一個吧！

莎士比亞：一個人思慮太多，就會失卻做人的樂趣。

不慕往，不閔來，無邑憐之心，當時則動，物至而應，事起而辨，治亂可否，昭然明矣！〈解蔽〉

不要羨慕過去，也不要憂慮未來，不要有自哀自憐的心情，要適時的行動，事情來了就趕快去做，事情發生了就趕快去解決，這樣是解決還是更混亂、是肯定還是否定不就一清二楚了。

收到一封標題爲「世間什麼才是最珍貴」的轉寄信，一樣的仍然是沒有作者。故事說的是一隻在圓音寺修鍊千年具有佛性的蜘蛛，有一天佛祖來訪看到蜘蛛就問牠：「世間什麼才是最珍貴的？」蜘蛛說：「得不到和已失去。」又過了一千年，佛祖再來又問同樣的問題，蜘蛛仍然是同樣的回答：「世間得不到和已失去的是最珍貴的。」

又過一千年，有一天一陣風將甘露吹到蛛網上，蜘蛛非常高興，生出喜愛之意。突然，風又把甘露吹走了，蜘蛛覺得很寂寞。這時佛祖再問，結果蜘蛛的回答還是一樣。於是，佛祖讓牠到人間走一走，投胎成富家的小姐蛛兒。追求蛛兒的人很多，但她知道她要等的是甘露。有一天，蛛兒陪母親去廟裡拜拜，遇見了甘露，但是甘露並不認識蛛兒，還不領蛛兒的情。蛛兒很納悶，這是姻緣，爲何佛祖不成全。幾天後發佈了甘露跟長風公主的喜訊，蛛兒非常的傷心，得了相思病，太子芝知道了跑來跟蛛兒說對她一見鍾情，她不活他也要走。

蛛兒這時聽到佛祖的聲音說：「你有想過嗎？甘露是長風帶來的，現在由長風帶走，所以甘露原來就是長風的。太子芝是圓音寺門前的一棵小樹，已經愛慕了你三千年，而你卻不曾低頭看他。現在我再問你一次，世間什麼才是最珍貴的？」恍然大悟的蜘蛛說：「世間上最珍貴的不是得不到和已失去，而是現在能把握的幸福。」

你還在懊悔曾經失去的？還是遺憾得不到的？誰才是能在此時此刻陪你一起走過風風雨雨的人呢？幸福是在當下的每一刻。

…………

塞涅卡：有些人以回憶過去折磨自己，有些人則以憂慮不幸將至而難過痛苦；這兩者都可笑至極——因爲一個現在與我們無關，而另一個則尚未有關。

…………

人有三不祥：幼而不肯事長，賤而不肯事貴，不肖而不肯事賢。〈非相〉

人有三件不吉祥的事：年輕的不照顧老人家，位階低的不服位階高的，品德不好的看不起品德好的。

神跟亞當夏娃說：「人要離開父母，與妻子結合的時候，就是教導他們讓兒女離開的功課，神在他們結婚的時候，要教導他們，將來對待兒女的態度，當他們年老的時候，便是教導面對老年的態度。」

在今日商業社會中，每個兒女都有自己的工作，必須天天早出晚歸，既不可能辭掉工作，也無法留在家中全心照顧老人，於是養老院發展成一個社會上的供應部門，但它並不能跟孤兒院相提並論的，更不是收容所、沒人愛俱樂部。

今日的社會不斷改變，很明顯的，老人不斷的在增加，高齡化社會即將來臨，與其責怪年輕人的不孝、不對、不該，不如改變老人本身的心態，教育出新的倫理觀念，並且盡力改善老人的福利，創辦理想的養老院，讓老人們能夠活得有尊嚴、有快樂。

F・H・布拉德利：有些人的「正當」似乎存在於對其鄰人的不正當的想法之中。

福託於惡，而人以為禍，此亦人所以惑於禍福也。

〈正名〉

幸福是跟著災禍來的，而人往往覺得那是災禍，這就是人對禍福迷惑的原因。

很多事都不是我們想的那樣，我們以爲的幸福不見得是眞的幸福，我們以爲的災禍也未必是眞的災禍，只是我們需要把時間拉長了來看。

一般人最大的挫折不外乎失戀、落榜、老公外遇、老婆出牆、失業被裁員，每天翻開社會新聞，總有人爲情自殺再不就是爲情殺人，有人因爲落榜覺得人生灰暗而跳樓，有人因爲失業付不出房貸而燒炭自殺。面對挫折的時候，先被擊倒的往往是自己。

如果你走一趟醫院，你就會知道，那麼多的人在跟病魔掙扎，因爲病，你才體會到健康的可貴。好好的人只要進一次醫院，通常都完全不想再來，從此會知道身體的健康多麼重要，也因此開始注意身體的健康。出院的人再見到陽光那一刻的心情，一定是深吸一口氣，感覺活著眞好，陽光的味道眞好，還好有了這場病，讓人感受到痛，感受到生命的可貴，因爲住院眞的很貴，很痛苦。

幸福往往是跟著災禍來的。先別氣餒，告訴自己怎麼樣也要撐著，告訴自己，加油，你一定可以的，然後等待，等待黑夜即將過去的黎明。

⋯⋯⋯⋯

弗蘭西斯・培根：一切幸福並非都沒有煩惱，而一切逆境也絕非沒有希望。

⋯⋯⋯⋯

久而平，所以優生也。〈禮論〉

時間久了就能平復內心的哀傷，這對活著的人有好處。

你一定會有一些疑問，尤其是原來很簡單的事怎麼會變得那麼複雜，有些事還規矩一堆、繁文縟節，就拿葬禮來講好了，簡直就是整死人嘛！人都死了，沒知沒覺了，爲什麼還要那麼多的禮節。不說葬禮，那講結婚好了，很多準備結婚的人，往往在開始準備結婚的瑣碎事情上，就開始爭吵不斷。公說公有理，婆說婆有理，你們家說要多少嫁妝，我們家說要多少聘金，有的人就在這個準備結婚的過程裡，突然發現對方原來是這樣的人，好像幾年的認識敵不過幾個月的缺點全都露。

以前我也很不了解爲什麼婚喪喜慶會有那麼多的禮數要顧，一點道理都沒有，直到有一天，上古典小說時教授一語驚醒夢中人。原來，這些禮節都是爲了要讓人有心理準備的。當親人過世時，我們藉由守靈、出殯的過程，慢慢的讓心裡能夠接受親人不在的事實，這樣的過程其實是爲了安慰還活著的親人。相同的，結婚的這些禮節，看似沒有必要，但其實正是考驗兩個人能不能一起生活的關卡。

生活不就是這些柴米油鹽的瑣事，如果一開始就因爲這些禮節意見不合，難以溝通，那走入婚姻後，更多的瑣事，還有困難要一起面對的時候，又如何能溝通能有共識一起牽手面對呢！原來禮節看起來是那麼沒必要，但又是那麼必要啊！

…………

莎士比亞：適度的悲傷是對死者應有的情分，過分的哀戚是摧殘生命的仇敵。

…………

神莫大於化道，福莫長於無禍。〈勸學〉

最高的智慧就是思想行為符合一定的原則，最大的福報就是平安沒有什麼災禍。

好總還想要更好，有錢總還想要更有錢，因為有得比較，所以我們看到的往往是別人的好，看到的是自己的缺乏。於是，真正能珍惜自己現在所擁有的，少之又少。

不管是在什麼領域裡，其實我們常常會有不守本分的表現。說不守本分感覺好像嚴重了點，不過，面對太多選擇的時候，往往很容易讓我們迷失。比如說：明明上網只是想找個資料、收個信，但上著上著就東逛西逛時間晃掉了，要找的資料也忘了。再不，想在書店買書，但奇怪了，抱回來的書往往不是原來要買的。即便逛量販店是現在全家人共同的休閒活動，也常常提了大包小包的買了一堆並不是真的特別需要的東西。在面對很多選擇的時候，只有智慧才能讓你不至於迷失，而堅持原則就是最高的智慧。

能堅持原則並不是一件容易的事，或許你會說這些都是小事沒必要那麼嚴格，但光小東西就常會讓人迷惑了，更何況是足以讓人動搖心志的大事呢。能堅定自己的意志，堅持自己的原則，就能不陷入比較的得失中。因爲比較，即使是最有福氣的人，也會渾然不覺，把心放在天平上秤，怎麼也秤不到兩邊等重的時候。

《阿含經》裡有一段尸毗王與鴿子的故事，老鷹想獵食鴿子，但尸毗王不忍就割自己身上的肉來換鴿子的生命，然而不管尸毗王割下了多少肉，在秤子上另一邊的鴿子始終比尸毗王割下的肉還重，直到最後，尸毗王整個人投身到秤子上，秤才是平衡的。必須用完全的生命才能允諾另一個生命的生存，這也是生命本身所賦予的最大的福報，不是嗎？

池田大作：外表的幸福屬於相對的幸福，內在的幸福才是絕對的幸福。

國家圖書館出版品預行編目資料

性本惡 · 荀子 / 賴純美、陳籽伶編著 .
—— 二版 . ——臺中市 ：好讀 , 2013.09
面： 公分，——（名言集 ; 06）

ISBN 978-986-178-296-6（平裝）

121.27 102012851

好讀出版

名言集 06

性本惡 · 荀子

編　　著／賴純美、陳籽伶
總 編 輯／鄧茵茵
文字編輯／葉孟慈、莊銘桓
美術編輯／鄭年亨
發 行 所／好讀出版有限公司
台中市 407 西屯區何厝里 19 鄰大有街 13 號
TEL:04-23157795 FAX:04-23144188
http://howdo.morningstar.com.tw
（如對本書編輯或內容有意見，請來電或上網告訴我們）
法律顧問／甘龍強律師

戶名：知己圖書股份有限公司
劃撥專線：15062393
服務專線：04-23595819 轉 230
傳眞專線：04-23597123
E-mail：service@morningstar.com.tw
如需詳細出版書目、訂書、歡迎洽詢
晨星網路書店 http://www.morningstar.com.tw

印刷／上好印刷股份有限公司 TEL:04-23150280
裝訂／東宏製本有限公司 TEL:04-24522977
二版／西元 2013 年 09 月 01 日
定價：250 元
如有破損或裝訂錯誤，請寄回台中市 407 工業區 30 路 1 號更換（好讀倉儲部收）

Published by How Do Publishing Co. ,LTD.
2013 Printed in Taiwan
ISBN 978-986-178-296-6

讀者回函

只要寄回本回函，就能不定時收到晨星出版集團最新電子報及相關優惠活動訊息，並有機會參加抽獎，獲得贈書。因此有電子信箱的讀者，千萬別吝於寫上你的信箱地址

書名：性本惡 · 荀子

姓名：__________ **性別：**□男 □女　**生日：**___年___月___日

教育程度：____________________

職業：□學生 □教師 □一般職員 □企業主管

□家庭主婦 □自由業 □醫護 □軍警 □其他__________

電子郵件信箱（e-mail）：________________ **電話：**__________

聯絡地址：□□□ ____________________

你怎麼發現這本書的？

□書店 □網路書店（哪一個？）__________ □朋友推薦 □學校選書

□報章雜誌報導 □其他____________________

買這本書的原因是：____________________

□內容題材深得我心 □價格便宜 □封面與內頁設計很優 □其他__________

你對這本書還有其他意見嗎？請通通告訴我們：

____

你買過幾本好讀的書？（不包括現在這一本）

□沒買過 □ 1 ～ 5 本 □ 6 ～ 10 本 □ 11 ～ 20 本 □太多了

你希望能如何得到更多好讀的出版訊息？

□常寄電子報 □網站常常更新 □常在報章雜誌上看到好讀新書消息

□我有更棒的想法____________________

最後請推薦五個閱讀同好的姓名與 E-mail，讓他們也能收到好讀的近期書訊：

1.____

2.____

3.____

4.____

5.____

我們確實接收到你對好讀的心意了，再次感謝你抽空填寫這份回函

請有空時上網或來信與我們交換意見，好讀出版有限公司編輯部同仁感謝你！

好讀的部落格：http://howdo.morningstar.com.tw/

請填妥後對折黏貼，直接投郵即可，無須貼郵票。

廣告回函
台灣中區郵政管理局
登記證第 3877 號
免貼郵票

好讀出版有限公司　編輯部收

407 台中市西屯區何厝里大有街 13 號

電話：04-23157795-6　傳真：04-23144188

沿虛線對折

購買好讀出版書籍的方法：

一、先請你上晨星網路書店http://www.morningstar.com.tw檢索書目或直接在網上購買

二、以郵政劃撥購書：帳號15060393 戶名：知己圖書股份有限公司並在通信欄中註明你想買的書名與數量

三、大量訂購者可直接以客服專線洽詢，有專人為您服務：客服專線：04-23595819轉230 傳真：04-23597123

四、客服信箱：service@morningstar.com.tw